switchcraft

心適力

變動不安的年代，最重要的生存素養

HARNESSING THE POWER
OF MENTAL AGILITY TO TRANSFORM YOUR LIFE

Elaine Fox

伊蓮·福克斯——著 王瑞徽——譯

CONTENTS

「固守過去是問題，接納改變是解答。」

——葛羅莉亞．史坦能（Gloria Steinem）

「自由與幸福存在於我們穿越改變時所展現的柔韌與從容。」

——釋迦牟尼

引言

我躺在床上哭成了淚人兒。

我很難得哭，可是我被自己犯的一個嚴重錯誤打敗了。當時我十七歲，幾週前我決定不申請進大學就讀，而是打算先找個會計實習工作，攢夠了錢就到世界各地旅行。可是，在一家本地會計事務所擔任了幾週實習生之後，我知道自己做了錯誤決定。感覺我的前途就這麼毀了。

大家都非常友善，可是我發現公司有點古板，工作也很無趣。每天我都望著窗外，一分一秒數著直熬到下午五點下班走人。我知道自己無法長久做會計工作，但出身都柏林一個低薪工人階級家庭，儘管家人非常支持，我的選擇感覺非常有限。教育似乎是我唯一的出路，可是我醒悟得太晚，大學申請截止時間就在明天中午。負責處理全國入學申請的中央申請局（Central Applications Office, CAO）位在西岸的高威（Galway），寄出申請表的最後期限也早就過了。

我又把頭埋進枕頭，直到一陣輕柔的叩門聲傳來，將我從愁苦中搖醒。我的雙親從不曾見我如此難過，我告訴他們我如何錯過了機會。

「其實，妳沒錯過。」母親說。

我吃驚地聽她提議可以搭前往高威的晚班火車，在火車上過夜，明天早上親自遞交申請表。這種積極想法不太符合我母親的性格，因為她通常會專注在問題上，而不是尋求解決辦法，然而我的椎心苦惱似乎促使她採取了行動。我還沒回過神來，我父親已經開車載我們到了位在都柏林另一頭的休斯頓火車站，而我已經坐在往高威的火車上填寫申請表。當晚我母親和我住進一家住宿加早餐小旅館，並且在一家面海的擁擠餐館吃了炸魚薯條晚餐。至今我還清楚記得次日上午我們找到CAO，然後遞出我的密封信封的那股雀躍。

為了成績能符合標準而認真用功了六個月之後，來了封信，通知我獲得都柏林大學通識科學系入學許可。就此開啟了我至今仍在探索的奇妙學術之路。回顧離校後的四十年，我難以置信地想起這一路上我的人生所經歷的種種迂迴轉折。我經歷過許多高潮與低潮，每次轉折都必須進行許多調整，迫使我在做人方面做出改變——內在和外在，以便面對和適應。例如，做為害羞的青少年，我很少成為引人注目的焦點，而且害怕對著一群人說話。我必須努力克服這種對公開說話的恐懼，才能成為一名大學教師、科學傳播者以及幫助眾多菁英選手和商人達到顛峰的生活導師。毫無疑問，早期的生活經驗培養了我對研究適應性和心理韌性心理學的興趣，而如今這已成為我一輩子的激情。當然，如今我也了解到，即使當年我錯過上大學的最後期限，也會有辦法解決的，或者我可以乾脆另闢蹊徑。人生往往在於開創新的可能性，能夠發現繞過障礙和挫折的路線。

導航你的未來

生活中要做的選擇太多了，而它們很少是「對」或「錯」。無論你處於何種狀況，幾乎都必須在許多選項之間左右為難。這種天然的不確定性是一種人生的事實。即使回頭看，你也不可能真正確定自己做了正確決定。例如，你或許會慶幸和另一半結婚，因為你有了很棒的孩子和幸福的生活。但如果當初你和另一個女孩或男人結婚，你說不定會有一樣棒的孩子，也說不定會更幸福。天曉得。而這或許是一種解放。

無論是職業道路或個人決策，都有許許多多路徑，很少會有明確的「正確」選擇，即使是事後看來。這和你在學校或大學參加考試很不一樣。考試總會有對或錯的答案，而你判斷該選哪一個的能力就是成功的指標。日常問題就不同了，可能有「錯誤」的答案，但也可能有好幾種「正確」的解決方案。

無常是唯一的常。接受並適應這點至關重要。這世界可以是變化無常的地方，事實也的確如此。除非能學會接受不確定，否則我們很容易不知所措。我在心理學和神經科學方面的研究告訴我，習慣世界固有的不確定性對成功至關重要：能成功壯大的人是那些有能力接受並適應持續變化和不確定性的人。

可喜的是我們可以提高適應能力。這需要練習，而且往往需要我們催促自己離開舒適圈。我成功克服了不願在公共場合演說的心理，並且逐漸順應了成為一名學術心理學家的種種需求。

將靈活心智的各種好處加以開發利用——我稱之為「心適力」（switchcraft），可以帶來變革。重要的是要記住，我們是自身福祉的積極管理者，而不是變化的被動受害者，因此我們必須積極主動地管理自己的生活方式。所謂「心適力」，是指那些能幫助我們在這複雜多變的世界中應付自如的必要天生技能。我已經一次又一次看到，培養一種靈活心態——讓自己的想法、感覺與行動保持彈性的能力，可以改變我們的人生，增強我們的韌性。在本書中，我集結了數十年來的深入觀察，揭開一些讓我們無論在不確定時期或承平時期都能繁榮發展的心理素質。你將學會如何找到變得心思更靈敏的方法，找出對自己真正重要的東西，深入了解自己的情緒，最終維持自己的成就感、好奇心以及對生活的熱情。

保持靈活心態可以讓我們在變化中茁壯成長。在你的心適力之旅中，第一步是接受變化和不確定性是人生不可避免的一部分。我們的一生會有多次改變，有時變得更好，有時變得更糟。正是我們度過這些轉變的方式造就了我們當下和未來的幸福。如果你不願改變，或者對嘗試新事物存有戒心，你需要努力去克服——相信我，它將改變你的生活。

靈敏氣質內建在我們的ＤＮＡ中，支持著我們的韌性。可喜的是，大自然為我們提供了培養靈敏度的所有必要工具。我們或許認為我們所處的時代特別不穩定，但歷史上的多數時期都表現出巨大動盪和多變的特性。人經常得面對戰爭、饑荒、洪水、地震、政治動亂和流行病。這也是為什麼我們本質上其實比我們想像的更加靈敏、有韌性。

心理韌性的關鍵是保持靈活和變通的能力，以便順應各種挑戰和改變。我們的祖先，連同地球上所有其他生物，始終都面對著一個不斷變化的世界。隨著年齡漸長，我們往往會失去這種易變性，陷入自己的固定模式。但是當遇上危機，或者當我們努力敞開心胸去接受新的做事方式，我們天生的靈活性仍然可以被釋放出來。

我們的大腦已演化成「預測機器」。想想當一句話少了一個a，是多麼令人沮喪。為什麼？因為你的大腦預測這個「字」應該存在，而它的缺失會引發意外，也就是被大腦編碼為「預測錯誤」的東西。雖然我們感覺自己是對周遭發生的事做出反應，但實際的運作方式是，你的大腦根據之前發生的事的豐富經驗，來構思下一步可能發生什麼。最新的科學告訴我們，我們清醒的每一刻都忙著預測接下來要採取哪些行動。因此，大腦會針對分分秒秒可能發生的事給予我們微妙的警告，這有助於我們理解周遭環境以及來自我們身體內部的信號。這種持續的過程給了我們每個人調適和反應的敏銳生物能力，只要我們懂得如何利用。每一次預測都會通知身體需要哪些素質，然後身體會從容分配它的儲備，確保我們準備好採取任何必要行動。

情緒是我們心理靈活性的核心。雖然這些預測通常發生在我們的覺察之外，但我們可以透過正念導師所說的「感覺調性」（feeling tone）來找到它們。情緒科學有個令人意外的發現，就是每一種情緒都沒有特定的感覺。相反地，我們感受到的是一種愉悅或不愉悅的籠統感覺——一種感覺調性，而這會在我們的清醒大腦還沒反應過來之前，通知我們周遭發生了什麼。感覺調性是通往我們情緒生活的一個微妙視窗，它提供我們一種連續的讀出資料，告訴我們哪種行為感覺很模糊、愉快或不愉快。正是這種感覺調性，為每個可能的行動和想法帶來了緊迫感。在喧囂的現今世界中，我們常聽不到來自我們自己身體的信號，錯失了這些感覺所蘊含的智慧。這也是為什麼發展我們的情緒覺察力和直覺是如此重要。它們有助於我們進入能讓我們透過日常生活的所有複雜狀況的靈敏系統（agile system）。

矛盾的是，我們的靈敏生物系統也會讓我們的行為更加僵化。沒錯，這種靈活、預測性的系統也是我們**不願**做出改變的原因。雖然這系統讓我們能快速適應，但這需要大量能量。我們預測的許多行為實際上從未發生，這可能會非常傷神。我們的疲乏大腦可能會盤踞著各種憂慮和念頭——出於意外的轉折，由此產生的不愉快的感覺調性反而會讓我們充滿消極情緒，於是我們的內在批判者可以找到更多創新方式來告訴我們，我們在某些方面很失敗，我們不夠好。當我們的大腦試圖保存能量，盡可能堅守舊習性，消極情緒的漩渦會被釋放出來，使我們更加困在舊有模式中。

這就是為什麼多數人天生不喜歡改變。我敢打賭，你經常抗拒改變自己既定的做事和思考方式。但是，無視變化，頑固地試圖維持現狀，將逐漸且無可避免地削弱你的能量和活力。

為了保持靈活和韌性，我們必須付出努力。

固執不化的腦袋會導致焦慮和抑鬱。在我數十年的心理學和神經科學研究，以及對無數商業專業人士和菁英選手的輔導工作中，我逐漸意識到一件簡單而又奇特的事：靈活的頭腦會大幅提高你成功和幸福的機會。但反過來也成立：僵化的腦袋會加劇焦慮、壓力以及一種可能會毀壞你的人生的「僵固性」（stickiness）。

這份理解的核心開始於我職業生涯的早期，在一個實驗小隔間裡，我著迷於測量我們的大腦所做的微秒級決定。我一直對人的注意力受到負面訊息吸引這點極感興趣。牆上的蜘蛛，爬過地板的可怕蟲子，廣播裡令人震驚的新聞，全都緊抓我們的關注。對危險懷有警惕是過去的殘留，我們只能想像我們祖先的生活會有多麼危險。我們往往會專注在感知到的威脅，可是對那些焦慮的人來說，情況要嚴重得多。

多年來，科學家一直努力想解開一個問題：當我們面臨威脅時，大腦會如何運作——尤其是焦慮的大腦。進入這領域時，我發現，人們普遍認為我們的大腦深處有個威脅偵測系統，它會時刻警戒著危險。當我們變得焦慮，這個系統會進入超警戒（hypervigilant）模式，對一些人來說，即使他們很安全，也會一直保持高度戒備。人們認為這是焦慮的本質，也就是我們會不斷掃視周遭環境，尋找潛在的危險。有大量證據符合這假設。

我從來不相信這個「高度戒備」（high alert）理論可以解釋一切。在我自己的一些研究中，我注意到，焦慮者的主要問題實際上不在檢視威脅，而是在發現威脅後難以將注意力轉移開來。這種將注意力從威脅中抽離的困難，和最初發現威脅的能力的增強有很大不同。

我所謂「僵固的」注意力系統（attentional system）會導致頭腦僵化。這就像當你發現一隻蜘蛛，你不可能不頻頻回頭去看牠在做什麼。我們內心深處的想法、情緒和行動也是如此。一旦我們有了一個惱人的想法，往往就很難將注意力從那當中抽離。這種心理僵固性在我們腦中流動，導致反覆憂慮和反芻思考（rumination），將我們困住，破壞我們的幸福感，削弱我們抓住機會的能力。

自我成長術也不見得有幫助。在已開發國家，我們有居所、食物和大量形形色色的小裝置。更重要的是，全球各地的心理學實驗室經過數十年努力，已推出許多幫助我們茁壯成長、發揮潛力的有效方法。然而，我們當中許多人只是在日常生活中艱苦跋涉，而不是享受生活。當我主持成功企業家的研討會，多數人都承認，他們並未得到自己想要的快樂和成就感。問題在哪裡？

無數的自我成長術聲稱握有答案。他們說，重要的是要保持正念，活在當下。有時，他們勸我們無論如何都要繼續下去，要「堅忍」（gritty）。有些人告訴我們，關鍵在於採取「成長心態」（growth mindset）。這些建議都有可靠科學的支持，數百萬人透過這些技術改善了自己的生活。然而，科學的複雜性往往被過度簡化。事實是，世上沒有四海通用的生活解決對策。告訴自己要保持正念或堅忍不拔，屏棄定型心態（fixed mindset）或培養積極性，可能有點像是要高爾夫球手專注於推桿，或者只練習長打。在轉化過程中，你的情況和你所使用工具之間的匹配度被忽略了。當需要堅忍時，改變策略沒什麼意義，就像當必須做出改變時，堅持不懈就毫無用處。

我認為，決定我們幸福和成功的更重要因素是，懂得如何、何時在各種不同方法之間切換。許多證據顯示，我們需要掌握一整套方法來應對生活中的挑戰。但方法多是不夠的，我們還需要靈活性，以便在適當時候選擇適當的方法。這就是心適力的精髓。

心適力的力量

由於世界充滿不確定而又複雜，因此需要許多不同類型的技能來應對它。回到高爾夫類比，這正是為什麼高爾夫球中需要用到大量各式球桿來應對十八洞挑戰。雖然我本身不打高爾夫，但我常發現高爾夫是人生的完美隱喻。高爾夫運動充滿了困難——你可能會把球打進沙坑、水裡，甚至在蛇出沒的樹林裡。無論你的球落在哪裡，你都必須想辦法處理它，才能到達終點。而球桿的設計者也針對每一種突發狀況發揮了極大巧思。

生活中也是如此。關鍵是找到適合當下的正確方法。學習幾種不同方法來應對挑戰，同時培養靈活性，以便在適當時候選擇適當的方法，是人成長茁壯的要素。

建立靈活心態能幫助你因應變化，讓你在面對任何挑戰或決策時做出更好的抉擇。

我是一名認知心理學者、情感神經科學研究者。我在牛津大學情緒及情感神經科學研究中心（The Oxford Centre for Emotions and Affective Neuroscience, OCEAN）研究人如何能蓬勃發展的科學，這是由我在牛津大學創建並管理的實驗室。我們考慮到人的基因組成、大腦功能以及他們透露的重要訊息，藉以加深我們對心理韌性和成長茁壯的理解。我還與另一位心理學者、我的丈夫凱文．達頓（Kevin Dutton）共同創立了一家名為「牛津菁英表現」（Oxford Elite Performance）的公司，利用尖端心理學和神經科學幫助體壇、商界及軍事菁英充分發揮潛力。至今我指導過許多人提升他們在運動和企業方面的表現，屢次目睹提高靈活性帶來的好處。這也跟我在科學實驗室中的發現相吻合。我創造了「心適力」一詞，來闡明這種基本的心理天賦，而關於它的有效性的證據也在不斷增加。

心適力四大支柱

心適力有四大支柱；它們本身便很強大，但當結合在一起，它們更是威猛的一拳，能幫助你渡過人生途中遇上的任何考驗。

- **心理靈活性**（Mental agility）：在**思考、行動**和**感受**方面保持靈活，以便一路透過各種地形，無論崎嶇或平坦，並能妥善順應多變境況的能力。科學顯示，靈活性由四個不同元素組成——我稱之為靈活性的ＡＢＣＤ：適應力（**A**daptability）、平衡（**B**alancing）我們的人生、改變或挑戰（**C**hanging/challenging）我們的觀點，以及發展（**D**eveloping）我們的心理勝任感（mental competence）。
- **自我覺察**（Self-awareness）：審視自己內在，以便對自己的核心價值和才能產生深刻的自我理解和欣賞的能力。這將幫助你對自己的渴望、夢想和才幹有更多了解。
- **情緒覺察**（Emotional awareness）：自我覺察的一部分，但在我們的生活中太重要了，本身便成為一個支柱。非常重要的是學會接受、培養你的**一切**情緒——包括愉快和不愉快的。還有一種能力也很重要，就是調節你的情緒，並利用它們為你的價值觀和目標服務，而不是任由它們支配。
- **情境覺察**（Situational awareness）：基本上依附在自我覺察和情緒覺察這兩大支

柱之上，但也包含了理解你四周的環境——**向外**看，以便獲得不單是對自己的「直覺」，還有對自身處境的深刻直觀覺察的能力。這種內外融合的覺察能告訴你，在這情境中你能有多少表現。

心適力就像指南針，讓你在人生的途中始終朝向正確的方向行進。它可以在一生中不斷學習、改進。無論是和難纏的上司相處，管理複雜的團隊，處理過動的孩子，解決和朋友間的糾紛，還是增強你的活力，你的內在指南針都能幫助你在當下選擇正確的戰略。只要指南針稍有偏差，你就可能遠遠偏離你的路徑。心適力結合四種重要的心理資質，成為一種強大的心智武器，幫助你決定究竟要堅守或切換到另一種策略，並且讓你做出正確決定的次數多於誤判。最終，這將幫助你在賽局中保持顛峰狀態。

我希望本書能從心理學和神經科學的尖端領域帶來啟發，幫助你應對生活中無可避免的種種挑戰。運用最新科研成果，心適力提供了一個實用架構，讓你能培養擁有成功、圓滿、適應良好的人生所需的各種心理資質。你將學會辨識那些讓你深陷在過去裡的思維。你將學會培養更加開放的思想的重要性，以及做出能增加你的靈活度的調整和改變。你將學會如何更深入地接受不確定性；唯有解開那些阻礙你前進的枷鎖，擺脫種種助長恐懼、焦慮的無形思維和行為模式，你才能盡情地去追尋更圓滿充實的未來。

利用本書

我建議你養成每天寫日記的習慣。本書中有大量的練習和測試，它們能幫助你變得更柔韌、深入了解自己、調節情緒、發展直覺力，並學會為任何突發狀況作好心理準備。許多人發現，把這些練習和想法寫在日記本上會有極大幫助。就我個人而言，我偏愛老式的Ａ４筆記本，當然，如果你喜歡的話可以用電子日誌。無論哪種方式，日記可以讓你追蹤事情的進展，光是寫下一些想法和練習的簡單動作就可能帶來轉變。

本書分為五大部分。首先會談到心適力之所以重要的基本原理，著眼於我們的日常生活充滿變化的現實，以及設法管理變化可能帶來的不確定性與憂慮的重要性。我們將探索一個顯示變通力（flexibility）是自然界基本要素的有趣科學發現，最後我們將了解為何心理韌性對於建立心理韌性至關重要。

接著我們將逐一深入討論心適力的四大支柱。在支柱一（心理靈活性）中，我們將探索靈活應變的好處，從一個被稱為「認知彈性」的心理學研究領域，來研究大腦靈活性的具體細節；最後我們將探討靈活性的四個要素——ＡＢＣＤ。在支柱二（自我覺察）中，我們將發現為何多多關注身體給你的訊息是如此重要，我們將深入探索如何找出真正的你，以及你真正看重的東西。支柱三（情緒覺察）將探索我們情緒的本質，以及如何學習更有效地加以理解、調節。心適力最後一個構成要素，支柱四（情境覺察），檢視了我們對這世界的直覺意識的本質，接著我們將了解接觸多樣的生活經驗，能如何增強我們的直覺以及對外在世界的理解。

最後，我彙整了本書中有關心適力的幾個重要原則。希望這些轉換技巧能幫助你活得精彩，掌握自身幸福，尤其在這變幻無常的年代。

旅程愉快！

概論

心適力
為何重要？

Chapter

1 接受並順應變化

通常是漆黑一片。而且噪音震耳。夜空中螺旋槳葉片的噠噠聲淹沒了越過飛彈不時發出的咻咻聲。幾個擠在後面狹小空間裡左右搖晃的男女無從知道直升機離地面多遠，甚至無從知道他們離目的地有多遠。「兩分鐘，」呼聲響起。接著小組成員全部沉浸在檢查和複檢的私人世界中。「背包繫牢」，檢查完畢；「頭燈就位並關閉」，檢查完畢；「外套拉上」，檢查完畢；「鋼盔戴好」，檢查完畢。當直升機呈弧形朝地面降落，一道側門打開。「衝衝衝」的號令指示每個隊員從離地四呎的地方離開艙門，一個接一個飛快跳下。

幾秒鐘後，直升機起飛，以免洩露他們的位置，隊員們則在黑暗中奔走尋找傷患。首先襲面而來的是熱氣，和一股惡臭。焦屍的氣味是你永遠忘不了的。

彼特．馬洪尼（Pete Mahoney）上校負責指揮英國陸軍醫療緊急應變工作隊（Medical

Emergency Response Team, MERT）。他們常在極艱難的條件下以小組形式工作，多數時候是在黑暗的直升機上執行任務。他們必須把燈關掉，以免引來敵人的火力攻擊。他們以高速降落在戰場上救治傷患，冒著激烈槍聲趕往傷亡現場。這些隊伍通常由五、六個人組成，包括創傷外科醫生、麻醉師、護理師和醫務人員，以及至少兩名負責保護醫療小組的正規士兵。

身為醫療顧問的彼特上校通常是小組中最資深的官員，也是總負責人。但根據情況的性質，其他成員也會在任務的不同階段掌管小組。剛落地時由士兵們帶頭。一旦發現傷者，便由醫療人員之一接掌指揮權，並開始對傷害性質進行系統性評估。不過，如果判斷情況危險，安保隊員可以隨時重掌指揮權，命令小組離開該地區。一旦確定了處置傷患的優先順序，麻醉師就會接管，決定誰該施打止痛劑並被帶回直升機，誰需要就地治療。這一切都發生在戰爭現場，往往在猛烈砲火下。全都是瞬息萬變的快速移動的狀況。

危急程度較輕的患者會依序安排治療，通常就在現場，照例由一名護理人員負責。將傷者帶回相對安全的直升機的方式和時間由士兵決定，這時指揮權在直升機駕駛員手上，由他決定是否可以安全折回，降落在地面人員指定的位置。接著，當他們帶著傷勢最重的傷者搭機返回，往往必須做出一個決定，要在搖擺不定、幾近漆黑的機上立刻執行手術，還是等回到野戰醫院。這是由彼特上校和另一名資深軍醫磋商之後決定的。

很難體會這些操作條件需要多大的心理靈活度。彼特上校經常處於一種必須聽令於比他資淺得多的組員的狀態。這在軍中非常罕見，但是這種作業方式能最佳化小組達成任務的能力。它需要所有成員發揮靈活度配合無間，而且極具成效。

MERT所處的境況當然十分特殊，但它確實呈現了日常生活在變化多端和適應性方面的極端版本。隨便哪天，我們的班車都可能誤點，網路可能會掛掉，我們的孩子可能會發燒病倒。我們可能會失業，被迫搬家，伴侶可能會說他們不愛我們了，父母可能會去世。我們越早接受世事多變的事實，就能盡早步上成長茁壯之路。

在我們周遭，政治和社會變革似乎仍以我們難以跟上的步調加速中。全世界冷眼看著美國川普政府的變幻莫測，英國脫歐對歐洲的影響所導致的巨大不確定性，而隨著新冠疫情演變成大流行，我們內心更是充滿恐懼和不安全感。很難想像iPhone是在二○○七年才發布的。如今智慧手機已催生了許多公司，像是Uber、Tinder、Airbnb、TikTok、Instagram和其他許多沒有智慧手機就無法生存的行業。同時，新冠疫情的爆發也推動了Zoom和其他視訊會議設備的發展，這些設備在疫情大流行之前一直是小眾產品。

職場中的變化應該「照常辦理」

儘管如此，在企業界，改變往往被看成解決問題的不得已辦法，就像手術。我在許多個人身上和企業中看見這種情況一再發生。當一家公司實施變革，他們通常認為那只是暫時的，有開始、過程和結束；必須加以忍受，而且需要由專才來管理——事實上，如今「變革管理」（change management）已自成一門蓬勃發展的產業。但在現實中，改變當然不是一次性手術，而是一種持續的過程，應該被視為職場的日常。能不能妥善應對變化取決於擁有正確心態。不要在「改變」和「公事公辦」之間製造錯誤的分界，重要的是要接受改變就是公事公辦。

在工作中，多數人會認為變化是一種威脅。這在公司改組時尤其常見。即使你認為進行中的改變是必要的，你仍然可能脫離你的舒適圈。當然，有些變化或許是威脅，但當面對某種新的、勢不可擋的變化，你還是得冷靜地進行評估，認清狀況。

成功測量表

成功測量表（The thrive gauge）是藉由紅綠燈刻度，幫助我們準確辨識一個變化的性質，以及它的積極與消極面。這麼做的用意是讚揚、充分利用綠燈，密切關注黃燈，但要立即關注可能會打亂你的熱望的紅燈。重點是要努力並確保你把大部分時間和精力花在那些有綠燈的活動上，同時想辦法繞過可能阻礙你前進的黃燈和紅燈活動。這很值得經常去做。

1. **退後一步，觀察你當下的處境。**思考變化的性質，可以列出兩個清單，在一個清單當中概述這個變化的重大優勢，在另一個敘述它的缺點。然後在另一個清單上列出你的短、中、長期職業目標。

2. **使用紅綠燈系統來了解變化可能為你的個人目標帶來什麼影響。**對於變化中的一些可能會阻礙你的元素，給「紅燈」；對一些危險信號，給「黃燈」；對那些有利於你的目標的事，給「綠燈」。例如，假設你的公司將從隔間辦公室遷到開放式空間，你可能會覺得不安，擔心會有一種自己隨時在「展出」狀態的感覺，或者周遭的噪音會影響你的工作表現，或者和客戶間的機密討論被聽見。像這類情況都會分別得到一個「紅」或「黃」燈。反之，和其他人合作或展開創造性對話的機會則會得到一個「綠」燈。

我曾輔導一家房地產開發公司的資深經理大衛，他的上司宣布他們打算合併兩組人馬。大衛原本帶領商辦組，他被告知他們今後將和住宅組聯手合作。這讓大衛有些興奮，但主要是極大的憂慮。他的「紅燈」是擔心會失去和現有團隊共享的樂趣、親密感和絕佳合作默契。面對一個大得多的群體，他擔心要維持同樣的風氣是不可能的。一個「黃燈」是，他將得在兩個不同的實體地點之間分配時間，這可能會占用他的家庭時間。然而，一個大「綠燈」是，他可能被任命帶領這個合併後的大團隊，這將是朝他的領導雄心邁出的重要一步。

大衛利用這個燈號系統來讓自己克服變化。他組織了許多小群組的社交活動，結合了前「住宅」組成員以及比較熟的「商辦」組成員。這有助於原本分開的兩組人相互了解，並維持大衛享有的樂趣和合作默契。目前他確實不得不在兩個地方之間分配他的時間，但他盡力安排，做到每週只需離家一晚。他還報名參加了一些短期領導力課程，以實現他爬上公司領導階層的「綠燈」抱負。

變化與轉換

自我成長作家兼生活導師威廉．布瑞奇（William Bridges）對變化和轉換做出了重要區分。變化是我們一生中發生的各種外在事件。轉換（transition）則不同。轉換是為了妥善應對生活中的變化所需的微妙的內在重新定位和自我界定。「沒了轉換，」正如布瑞奇告訴我們的，「變化就只是家具的重新排列。」很多人會針對許多重大人生變化做出周全準備，例如新生兒的到來或者換工作，但我們很少想到為內在的過渡轉換做準備，而這很可能會令我們措手不及。

我曾和一位頂尖選手共事——就稱他哈利吧，他在體壇取得極大成就，在三十歲那年退休。他飽受傷病之苦，發現很難保持必要的高強度訓練水平。他知道退休是正確的決定；顯然他已經過了顛峰期，了解到該是換工作的時候，但他告訴我，他的「過氣體壇明星」新身分實在讓他很糾結。

退休前一年，他竭盡全力為這改變做準備。他和演說經紀人簽約，進行激勵性演講，他和電視和廣播公司討論成為運動評論員的事宜，他報名參加教練課程，以便擁有擔任教練的選項。一開始，一切進行順利，尤其他的評論工作逐漸有了起色。但在他停賽後的一年裡，他變得越來越不開心。起初，他認為這是因為日子太過鬆散了。

他從每天三節訓練變成無事可做。他開始早起，每天早上同一時間跑五哩，接著刮鬍子，吃早餐。這些簡單的習慣幫助很大。然而，白天的無聊仍是一個問題，於是他開始酗酒，而且幾乎每天夜不歸營，這導致他和妻子的關係出現問題。他變得越來越不可靠，一家大經紀公司和他解約了。

問題是，他告訴我，當他照鏡子的時候。「我看見的到底是誰？」他問自己。不再是「冠軍」或「體壇明星」，那麼是誰？我們意識到這是問題癥結所在。他不再有明確的身分，儘管他已為這個**變化**做好萬全準備，但他並未準備好面對從廣受歡迎的選手變成過氣體壇明星的**轉換**。基本上他是被困在不同身分當中。

有開始就有結束

過渡轉換的過程，首先是要放下舊的處境，接著忍受中間狀態的迷惘困惑，最後在新處境下重新開始。要順利過渡，必須逐一透過這三個程序。我鼓勵哈利回到起點，也就是他職業生涯的結束。他花了幾個月時間認真思考，放棄職業運動生涯——放棄他從十歲左右就開始步上的職業運動之路，究竟意謂著什麼。這實際上是某種形式的哀悼過程。所幸，如今他相當滿意自己的新身分，也就是擔任體育評論員，以及體壇新秀的導師。我們共同擬定了幫助哈利度過這個艱難過渡期的四個一般原則。

1. **尊重這過程**——成長有它自己的節奏，不該強求。
2. **內在的身分轉變是不可少的**——唯有內在改變，你才可能適應新的情勢。
3. **接受自己**是誰，以及改變的過程所帶來的一切。
4. **降低**你在這過程中能或不能做什麼的**期待**。

充實的空白

我們的工作和個人生活發生變化是意料中事。我們也看到了，這些變化可能會挑戰我們的自我認同感，需要一種內在過渡來妥善應對變化，不管它會不會發生。一個結婚多年的男人，萬一妻子離去，他突然又成了光棍，可能會非常難熬。這種個人變化對我們的生活有著深遠影響。那麼，我們如何幫助自己安然度過這類變化？

大量研究顯示，變化或許可怕，尤其當我們已覺得焦慮和擔憂時，但我們還是可以學著去應對。你需要的是時間、自我同情，讓自己和之前的計畫脫鉤，慢慢開始接受、坦然迎向新的目標和機會。德國精神分析師波爾斯（Fritz Perls）創造了「充實的空白」（the fertile void）一詞，來指稱一件事結束和另一件事開始之間的艱難時刻。

我自己的實驗室揭示了，人在更短的時間內，在非常簡單的心理定向（mental set）之間轉換時會產生的干擾和延遲，也就是「轉換成本」（switch cost）；例如從「將一個數字歸類為奇數或偶數」轉換到「將一個數字歸類為大於或小於三」。人需要一段時間來脫離一種心向（奇數／偶數），然後才能進入下一種心向（大於或小於三）。因此，想像一下，當你面臨身分的重大面向的轉換，例如從「婚姻美滿」到「離婚」、「單身」或「喪偶」，會需要多少時間和精力。給自己一段「充實的空白」是必不可少的。而且，正如波爾斯的這個用語所暗指的，這不只是一段停滯期，也是一段脫離接著慢慢重新參與的富有成效而必要的時期。

重大的轉變需要時間和努力。失業、結束關係、好友去世——這些都會讓你停滯不前，迫使你重新評估自己的人生和目標。任何改變都會讓你不得不面對令人不安的問題，挑戰許多你認為理所當然的事。我們的天生渴望是想要避免重大變化帶來的痛苦，也許是藉由專注於工作，甚至飲酒或吸毒來麻醉自己。但重要的是要給自己時間去體驗痛苦和憂傷，並花時間去適應新的處境。當變化是正向的，例如一段新的關係、搬新家或者換新職業，這點也同樣重要。例如，不要直接從一份工作轉移到另一份工作，而要試著抽出一些時間——可以簡單到像是利用週末去度假，來確保工作之間有一點空間。甚至是在一天之內，也可以抽空去散步、冥想、和朋友碰面聊天——什麼都行，只要能插入一小段自然的空白。

無論你正經歷什麼樣的人生事件，你的腦子都需要時間去適應。應對變化需要多次微小的調整，讓你可以從最初的驚愕，走向逐漸接受、適應新的處境。以下是我用來幫助一對夫婦面臨他們事業和居住國的重大改變，所採取的幾個步驟。

1. **在一天中定出一段固定的獨處時間。**把這段時間專門用來靜靜坐著，碰觸到自己內心深處的感覺。

2. **花點時間列出未來的新生活會有哪些不同。**我要求他們務必要好好思考，一旦他們離開熟悉的地方之後會發生的種種改變，以及這會對他們生活的其他方面產生哪些影響。深入細節十分重要。例如，他們寫下「幾個月內我們的收入將不如以往，因此我們必須節省開支」，還有「我們必須利用週末多結識一些新朋友，因為沒人認得我們」，或者「我們必須花時間去探索各個社區，好決定要在哪裡住下來」。根據這些問題和關切對自己的重要性定出它們的優先順序，如果得到答案，會讓焦慮感大為減輕。了解自己住得起哪種房子是很重要的，因此不妨每週花一小時左右上網查看不同地區的房產和價格。這會給人一種期待感，有助於讓懷疑的情緒被興奮取代。另外還要問自己一些更深層的問題：我目前的角色對我的身分認同重要嗎？如果我離開，人們會不會用不一樣的眼光看我？

3. **花時間哀悼失落。**準備接受悲傷的各種徵兆，別把它們和情緒低落或挫敗混淆了。我協助的這對夫婦知道他們將會懷念許多地方和人，為此非常難過。沒關係。會感到悲傷、害怕、沮喪甚至困惑是很自然的。他們經歷了一個不斷懷疑自己是否做了正確決定的階段。給自己時間去經歷這種不安是很重要的，不需要覺得你有必要讓這些感覺消失。

4. **界定什麼已結束，什麼還沒結束。**這不全然是指悲傷和眼淚。看看改變事項總清單，把它們依主題分為幾類。尋找能讓你更加了解自己的有趣機會。你的許多主題或許會圍繞著恐懼和懷疑：失去許多令人安心的老規矩、日常作息或熟悉的身分面向。有些東西或許將一去不返，因為它們和某個時間、地點密不可分，但並非所有事情都必須永久結束。找出那些可以轉化或適應你的新處境的東西。

啟動改變

二十六歲那年，我意識到我必須戒菸。長久以來，我一直處在否定中，拒絕面對戒菸的可能性，甚至它的合理性。但我經常打比賽性質的網球，而且往往在漫長的球賽接近尾聲時開始失分，只因為我精力耗盡了。吸菸削弱了我的耐力，這令我害怕。

我仔細審視自己——我現在會把它稱作「情境分析」（situational analysis）。為什麼我要做一些顯然有害自己的事？沒有正當的理由繼續吸菸。我曾經多次嘗試徹底戒菸，但都失敗了。因此，我的最初計畫是只在午餐後吸菸。一開始很難，但漸漸地，我可以一直熬到午餐時間，而不去想吸菸的事了。可是這種勝利很不牢靠，我清楚得很，只消一點壓力或突發事件，就能讓我又開始一早就抽菸。但漸漸地，我把「禁菸令」延長到了下午三點，接著是下午六點，接著是晚上八點，最終完全禁菸。

有幾次小失敗。在許多場合，通常是在聚會中，我的大腦會耍一些創新的小伎倆，讓我相信不吸菸很可笑。大家都樂在其中，我為什麼不行？抽菸其實沒那麼糟。一根菸能有多大壞處？種種念頭不斷在我腦海中迴盪，削弱我的決心。沒有什麼比癮君子的腦袋更有創意和說服力。

我逐漸接受失敗就失敗，沒什麼大不了。重要的是要馬上重新開始，這次要努力，別再偏離正道。大約十八個月後，我徹底戒除，從此再沒碰過一根菸。關鍵就在我開始把自己看成非吸菸者的那一刻。我的自我認同起了變化，正如我們在哈利身上看到的，這種轉換對於幫助你堅持生活中的變革至關重要。

處理發生在我們身上的變化是一回事。可是當然，有時候我們也會主動尋求改變。就算不是更困難，它的難度也絕不亞於處理我們被動承受的變化。

進行生活變革的五個關鍵階段

關於戒菸的廣泛研究顯示，有五個關鍵階段可以應用在你想在生活中實施的任何改變，無論是健身、減重或者換工作。這些我在自己的努力中都體驗過。前兩個階段是，你根本還沒準備好要改變，而許多人所犯的錯誤是，沒弄清楚自己想改變**什麼**，以及**為什麼**要改變。接著，你會進入一個時期，在那當中你意識到了變化的好處，但又有點害怕它的負面影響。衡量種種利弊可能需要一段時間，才能從猶豫不決轉為下決心改變。到了這時，你才會準備好擬定計畫並採取第一個行動。也許你會加入尊巴（Zumba）有氧舞蹈課程，戒除碳水化合物，或者找人商量改換職業的事。最後一個階段是持之以恆。

如何確保自己能堅持新的行動和目標？這可能意謂著家裡不放香菸，多和常去健身房的人在一起，或者只是在日記中安排定期健身時段。

以下是進行生活變革的各個關鍵階段的概要。

階段一：預想（Pre-contemplation）

進行「處境分析」。列一張清單，寫下生活中那些對你有益、你想要保留的事項：可能包括某些朋友、習慣或嗜好。接著列出一張你可能想改變的不太好的事項清單：可能包括某些朋友、吸菸或飲酒過量等習慣，或者你想改善睡眠。在這個階段，不要做任何重大決定或計畫。只需列出一張你生活中真正滿意事項的清單，以及另一張你較無把握的事項的清單。

階段二：關照（Contemplation）

接著，認真思考你可能想要改變、結束或開始的事項，並列出一張這麼做的利弊得失的清單。然後，做出明確決定。我想戒菸；我想停止飲酒一週；我想每週健身三次。做出具體的決定——不是「我想減重」，而是定出具體的目標，「我想在三個月內減掉三公斤。」然後，把它告訴別人。有明確證據顯示，將我們的意圖告知他人，會讓我們更能堅持下去。

階段三：準備（Preparation）

這時要開始計畫、思考你的新作息。例如，如果你想減重，就列出你最可能飲食過量或最不可能健身的時段和情況。扼要描述你的觸發因素——也許是早上喝咖啡，打電話，或者天氣冷的時候。一旦你意識到這些觸發因素，你便能思考各種對策。你是否該對你的環境或行為做出任何改變，哪怕只是暫時的。有時候，光是定出一個固定的健身時間就會很有幫助。安排在特定時間到健身房鍛鍊或者去跑步，不管天氣或心情如何，和自己定下契約，無論如何你都會去做。同樣地，把你的意圖告訴其他人，並列出一份可能幫得上你的支持者的名單。這個階段主要在規劃如何去執行你的變革。

階段四：行動（Action）

這是把你的計畫付諸行動的時候。要是不貫徹執行，再多的計畫都是枉然。因此，一旦擬定了計畫——例如「我打算下午五點去健身房」，就別找藉口，只管去做就是了。如果你想早點起床，就設定好鬧鐘，鬧鐘一響就起床——別用貪睡按鈕，馬上起床。久而久之，你會發現你根本不必多想計畫的事，你會近乎無意識地完成它們。（令人詫異的是，過度思考往往會破壞我們精心制定的計畫。）最後，別忘了在成功時獎勵自己一下。把獎勵排入時程，也許每週一次，只要確保它不會誘使你回復過去的生活方式。

階段五：維持和復發（Maintenance and relapse）

幾乎可以肯定，你會不時犯老毛病。如果是這樣，不必為此自責，而要展現一些自我同情。你試圖去做的事很困難。把故態復萌當成寶貴的教訓，從絆腳石變成墊腳石。記錄下來，在日記裡概述你的成敗經驗。檢視一下導致失敗的情況、感覺和觸發因素。就我而言，戒菸失敗通常是發生在工作中感覺疲倦和壓力，或者是勞累之餘和朋友出去輕鬆一下的時候。倦怠感是一種明顯的危險信號，因此我盡量確保自己睡眠充足，並避免在感覺疲勞時社交。問自己，哪些事可以有不同做法？什麼是你沒考慮到的？你能做些什麼改變，來避免類似的失敗再度發生？

小心生活對策的僵化

堅持通常是好事，但也不盡然。如果你老是無法做出改變，必須重新來過，那麼你可能得考慮採取不同的方法。你必須提防所謂的「精神關節炎」（mental arthritis）的蔓延，也就是執著於那些不起作用的計畫。我所說的精神關節炎，是指人缺乏變通力，無法用最適合情況的方式去行動或思考。

就我來說，每次嘗試戒菸都慘敗。這是件大事，無法一次達成。不過，一旦我安排了可以抽菸的特定時間，並把「戒菸」任務分解成幾個小段，事情就變得容易多了。比起從每天一包變成完全禁菸，從每天抽兩根變成不抽要容易得多。通常是分成許多小步驟，這些步驟彼此差異不大，卻能逐漸形成一套能增強而不會損及你的生活的習慣。有時我們也會卡在過渡階段。一開始，我當自己是在努力成為「前菸客」，但我意識到我確實有必要在身分認同上有更徹底的轉變，成為一個「非菸客」。

多樣化是應對變化的關鍵。重要的是要不斷提醒自己，生活中的問題很少會有單一的解決方案。有許多簡單又容易執行的秘訣可以幫人做出改變，這說法很吸引人，但會引起誤解。人生比那複雜多了，我們一生中要解決的各種問題需要許多不同的解決方案，以及嘗試各種方法的靈活性。

各個偉大宗教都明白這點。許多想像中有著非常根深柢固、僵化規則的組織，實際上在其生活的對策上具有驚人的靈活性。例如，你可曾想過，為何會有那麼多令人眼花撩亂的瑜伽技法？光是在印度教傳統中，就有行動瑜伽（karma yoga）、奉愛瑜伽（bhakti yoga）、智瑜伽（jnana yoga）和薩拉納加蒂瑜伽（saranagati yoga）。不同形式被認為能幫助人達到不同的精神境地。印度教慈悲與愛之神克里希納的各種奇聞軼事清楚顯示，沒有單一途徑可以達到覺悟，每個人都必須找到自己的方式——允許一定程度的彈性。

佛陀還容許他所說的「道德彈性」（ethical flexibility），認為古代經典雖然以幸福人生指南的形式為我們提供了「睿智的忠告」，但它們不應被視為僵化的戒律或規則。相反地，人必須根據自己的判斷去行動，而不是被迫按照不容跨越的固定價值觀行事。類似的信念在伊斯蘭信念中占有中心地位，它的兩端分別是少量的禁忌活動，以及少量的義務。多數的人類活動都發生在這兩個極端之間，同樣地，人們被鼓勵運用自己的判斷和良知，在做事方法和生活型態上表現出性格，來發展出一套獨特但合理的伊斯蘭實務。

基督徒也被鼓勵發展靈活性。現代基督教的創始人聖保羅也認知到變通的重要性，他坦承，「我竭盡所能取悅所有人，因此無論如何總能拯救幾個。」

美國演員、武術家李小龍一直在宣揚相關信念。談到人生，李總結說，我們經常謬誤地想迫使世人來適應我們，而不是發揮靈活和順應力，致力於用最貼切的方式去面對當下的處境。「要像水，」李告訴我們。與其堅持僵化的信念和行動，我們更應該像水一樣，從裂縫中找到出路。李說，要真正表現出做為人的一面，我們必須避免形成一種固定不變的風格，因為「風格是一種結晶」，而我們需要的是不斷成長的過程。「活水永不會污濁，因此你只要持續流動就是了。」他說，回到他最愛的比喻。

心適力是一種應對人生重大變化與轉變、找到方法安然渡過種種艱難波折的能力。這些技能是不可少的，因為無常和變化是人生的事實。因此，學著不只是接受，而是欣然接納變化，是你的心適力旅程中重要的第一步。

本章摘要

- 接受世事無常的事實是邁向繁榮成功的關鍵。
- 在重大轉變的過渡期，給自己一段「充實的空白」是很重要的。
- 為了促成生活中的變革，你需要經歷五個階段：

　一、**預想**──決定確實有必要做出改變。

　二、**觀照**──思考你想做出什麼樣的改變。

　三、**準備**──制定一套進行改變的計畫。

　四、**行動**──將你的計畫付諸行動。

　五、**維持**──思考如何讓新的表現持續下去。

- 要因應一個變化無常的世界，你必須認知到你需要各種不同的路徑。面對人生的諸般難題，幾乎沒有「萬能」的解決方案。

Chapter

2 駕馭無常與煩憂

有時人生會突然出現意外，令我們撕心裂肺，感覺像是站在深淵邊緣，知道自己輕易便會跌進去。無論是戰爭、海嘯或者大流行病，任何危機都會讓我們自身的不穩定性和脆弱成為我們關注的重點。

在最佳情況下，無常（uncertainty）便是人生的常態，而在開始於二〇二〇年的新冠疫情期間，無常更是彰顯無遺。隨著病毒在世界各地傳播，問題一個接一個冒出來：我們何時才能再度去旅行？會不會進一步封城？學校會不會關閉？我們能不能研發出疫苗？我的生意還撐得住嗎？顯然，沒有確切的答案。我們的生活方式正面臨顯而易見的不確定性。各國關閉邊境，飛機停飛，餐館、酒吧和夜店關門；許多人不得不在家工作，有些人暫時休假或完全失業，有些只好另謀生路。

生活小習慣的力量

例行習慣（ritual）可以為混亂多變的世界帶來一些條理和秩序。在新冠疫情大流行期間，社交距離措施導致許多活動被取消，像是演唱會、運動競賽和紀念慶典，還有一些個人活動，例如洗禮、猶太成年禮、婚喪典禮等。我花很多時間透過Zoom視訊，建議一些公司和他們的員工充分利用這段難得的時期提升身心健康。一個很有效的重要忠告是建議他們在生活中加入一些規矩和安排。也許提早一小時起床，在早餐前散步、慢跑或做瑜伽。每週抽出時間給朋友打電話。每天定出一個手機關機時段，用來閱讀或聽音樂。

這些小習慣在幫助你面對人生無可避免的無常方面可能具有極大作用。它們起作用的原因和我們的大腦是一種預測機器有關。由於你的大腦不可能獲得做出精準預測所需的所有訊息，因此經常做出錯誤的預測。例如，當你走上一段階梯，妥當地移動你的腳，你的大腦可以預測一階的高度。但如果計算結果差了幾公分，你就得迅速調整。大腦會把它編碼為「錯誤信號」並且儲存起來，確保下次能正確預測。你的大腦真的能從錯誤中學習。

雖然這一切都是在你的意識雷達底下進行的，但如果大腦發出大量錯誤的預測訊號——就像我們的日常作息被打亂時的情況，你會發現有不安、焦慮的感覺。你的大腦是一種「無常探測器」：隨著不確定性的增加，你的警戒和焦慮感也會高漲，而當你處於一種較可掌控的情況，你便能放鬆。生活小習慣之所以有效，是因為它們讓你的大腦有機會做出一些較可靠的預測，而且有餘裕去觀察其他事物。

這場疫情的各種後果符合了認知當中足以引發所有人的強烈不確定感的條件。當整個世界陷入混亂，我們面臨著比前一章探討的特定變化所引起的更為深刻的不確定感類型。這種廣泛的不確定感足以激起深層的焦慮和煩惱。

什麼會激發不確定感？

研究顯示，有兩大類型的情況極可能引起不確定感：

- **新的處境**：當你身在一個新環境中，例如和一群不相識的人開始一份新工作，或者當你初抵一個陌生國家時。
- **曖昧不明的處境**：生活充滿了讓人難以知道結局是悲是喜的模糊性。例如你身體有點疼痛，這或許只意味著小毛病，也可能是較嚴重疾病的跡象。又比如，有人含糊拋出一句「聽說公司有變動了」，這可能表示有好消息，像是新的收購或一連串升遷，也可能是壞消息，例如即將裁員或關閉分公司。此外像是觀看一場比分接近、勝負難料的足球比賽；和公司的一位你認為有希望但還不明確的潛在投資者進行協商；一次你不確定是否會被錄用的面試；或者等待對你的未來有重要影響的考試結果。

這些狀況都會導致我們的焦慮和壓力急劇上升。我們可以把不確定感想像成過敏症；即使少量也會引起不良反應，而大量則會引起更 烈的反應。做為人類，我們渴望安定，這就是為什麼所有人在某種程度上都無法容忍不確定感。一方面是因為模糊性和不確定性太消耗腦力了。記住，我們的大腦喜歡預測未來，因此我們有一種天生的驅力，想要將確定性、可預測性施加在我們的生活中，來減少任何模糊性。

但總是有無數的「萬一」情節會輪番上演。你可能會失業；你可能被診斷出患有致命疾病；三次大戰可能會爆發；你的孩子可能在遊樂場被綁架；我們可能都是遙遠外星文明所策劃的巨大矩陣賽局的一部分……麻煩就在，我們無法完全排除任何一種可能性，即使是和外星人有關的。因此，不管我們喜不喜歡，都必須接受不確定性的存在。

你對不確定性有多大容忍度？

在心理學中，我們正式稱為「對不確定性的不寬容」的東西，實際上是我們對未知有多恐懼的一個指標。每個人對不確定性有不同的容忍水平，但這並不是「天生」（hard-wired）的。我們的容忍度也會隨著我們的感受而波動。當我們感覺受到威脅，我們會變得較不寬容；當我們覺得放鬆、安全，我們對不確定性的不安程度就會下降。你越是和不確定性搏鬥，就越會努力去避免生命中固有的模糊性，而不是發展應對方法。可喜的是，改變容忍水平是可能的，尤其當它對你的生活享樂產生負面影響時。

下列問題能幫助你衡量自己對不確定性感覺不安的程度。誠實回答每個問題，根據每個陳述和自己的契合程度，給自己打1到5分（1＝完全不像我，2＝有點像我，3＝有幾分像我，4＝非常像我，5＝完全像我）；然後計算你的總得分。

1. 我真的不喜歡意外。
2. 如果沒有掌握所需的一切訊息，我就會覺得沮喪。
3. 如果對事情沒有把握，有很多事我不會去做。
4. 我總是盡量提前規劃，以避免意外事件發生。
5. 即使是突發的小事，都會破壞我精心規劃的一天。
6. 有時候我會因為被不確定感打敗而什麼事都做不了。
7. 我總是想知道自己未來會如何。
8. 當我不確定時，就會表現欠佳。

9. 如果我對事情有一點疑問，就會很難採取行動。

10. 我會盡量避免所有不確定的情況。

○ 10到12分，**極低**。

○ 13到15分，**低**。

○ 16到28分，**普通**。

○ 29到45分，**高**。

○ 46到50分，**極高**。

低分顯示你對模糊性有很高的容忍度——很可能你對未知充滿好奇，並且很樂意接受新的、可能前後矛盾的訊息。另一方面，高分所代表的對不確定性的不寬容，會導致對安全、安穩的過度需求，以及容易憂慮的傾向，進而產生焦慮和壓力。當我們沒有把握，會努力尋求確保安全的方法，採取所謂的「安全行為」（safety behaviour）。安全行為是指任何能讓人安心、減少不確定性的事。因此，如果你掛心孩子們的去向，就給他們打電話，或者在上餐館之前先查看一下他們的菜單，看他們有些什麼菜色。所有人都可以藉由本章中的練習來減少對確定性的需求，變得對不清楚狀況比較能習慣。

尋求安全和確定性本身並不是壞事，但這很容易變得執著，而導致焦慮的升高。當然，如今多數人都會隨身攜帶智慧手機，它實際上是一種「確定性尋求裝置」。如果我不清楚孟加拉的首都，我的手機不到一秒就會告訴我是達卡。如果我不知道我的朋友是否在附近，我可以發簡訊給他們並立即得到回覆，甚至可以透過應用程序追蹤他們。如果我想知道最近一家披薩店在哪，也可以馬上查出來。

心理學家一直在研究，這類電子裝置是否會導致對不確定性和焦慮的不耐升高。一項研究分析了一九九九到二〇一四年間美國的數據，這段期間的手機使用量大幅增加，同時測量到的對不確定性的不耐受性也顯著增加。當然，在這段時間內，社會上必然有許多別的事也發生了轉變，足以產生影響，因此我們在解讀這類數據上要謹慎些。然而，我們知道，承受些許不確定性是件好事，但由於手機可以充當即時的安全提示，它們似乎會大大減少我們接觸日常不確定性的機會，降低我們的容忍水平，增加焦慮。

毫無疑問，一定程度的規劃，努力在生活中建立可預測性，是有好處的，也是管理壓力的好方法。然而，有益的前瞻性規劃，以及一定程度上試圖消除未來的不確定性，結果變得窒礙難行，兩者是有些微差異的。如果連極小程度的不確定性都會令我們不安，那麼我們不斷尋求安全感和確定性的做法可能會成問題。常見的行為包括：

- 經常尋求安心感。
- 忙著搜查資訊。

- 列一堆清單。
- 不肯授權，凡事堅持自己來。
- 不斷反覆查核。
- 準備過了頭。
- 追求完美。
- 拖延。
- 迴避異常或自發的情況。

對不確定性的恐懼會招來煩惱

事實是，世上幾乎沒有我們能絕對確定的狀況——大概沒有。因此，照理說，無法百分百確定是一種我們非得習慣不可的事。然而，正如我們不喜歡改變，我們也不喜歡模稜兩可。因此，憂慮是努力容忍不確定性的常見副產品。不確定時，我們的威脅探測系統會高度警戒，而這當然是引起並維持一種煩惱與焦慮螺旋的絕佳方式。

憂慮是一種應對方式

當我們沒有把握，憂慮往往是試圖掌控未來的一種嘗試。這是一種為壞結果做心理準備的方式。帶來行動的擔憂可以很有成效，但通常只是徒勞。我們以為，如果我們對問題的每一個「最壞情況」和面向苦苦思索，就能找到解決方案。遺憾的是，這根本沒用。不停煩惱不會讓我們對事件有更多掌控，而只會消耗我們的能量，減損我們的活力。

引發我們擔憂的往往不是特定主題，而是圍繞著它們的不確定性。早上，你可能為了送孩子準時上學而操心，下午你可能得顧慮家人的健康，而到了晚上，你可能得煩惱是否該汰換老舊的洗衣機。你擔心的不是特定事件，而是它的不確定性。

對不確定性的不耐會影響人自我挑戰的能力

當我們在生活或工作中遇上問題，糾結的部分原因是，我們不清楚接下來會如何。但是，如果你試著解決，那麼每一個決定必然都是在不確定的範圍內做出的。能冷靜面對不確定性的人通常很喜歡曖昧不明的狀況，因為他們的想法對新奇、具有挑戰性的訊息很開放，而那些對此極度不安的人往往有一種尋求熟悉、可預測狀況的較封閉想法。

許多人會選擇一個極容易或極困難的解決方案，來應對決策時的不確定性。容易的選擇很吸引人，因為它，呃，很容易，但困難的選擇可能也很誘人，因為萬一失敗了，也不會損及你的自我價值感。我輔導的一位年輕田徑選手就有這方面的困擾。她要麼挑戰不可能，要麼把標準放得太低。選擇訓練搭檔或比賽時，凱蒂經常拿自己和那些速度不如她的人比較，這樣她就可以輕易保持領先。其他時候，她會和一些比她更快、更有經驗的人一起訓練。雖然這確實有助於她達到更快的速度，但我們了解到她其實有所保留，因為包括她自己在內，沒人預期她能打敗那些老將。凱蒂向我坦白，她最緊張的是跟那些和她實力相當的人競爭——也就是結果最難料的情況。

我們一致認為她應該進行階段性改變，開始定期和那些能力接近的選手比賽。談論這點時，凱蒂領悟到，這正是為什麼她經常在全國選拔賽等重要賽事中變得非常緊張，因而表現不佳，因為在這些比賽中她無法避開同等對手。幾個月來，她一直在使用本章後面將會提到的一些方法，來克服對不確定性的缺乏容忍，但主要還是藉由讓自己參加更多真正無法確定結果的訓練和競賽。她參加了不同競賽距離的比賽，來了解自己的表現，並選擇了實力更接近的新訓練夥伴。隨著不確定感變得越來越熟悉，她竟然開始樂在其中了。謝天謝地，她的焦慮大幅減輕，在重要比賽中面對同等對手的表現也有所改善，如今經常參加國家隊的選拔。很多人都熟悉一個觀點：比起成功，人從失敗中學到的要多得多，但或許少有人知道，大部分的學習和進步都發生在極容易和極困難之間的中間地帶。

對無常的恐懼使人做出倉促、熟悉的決定

大量研究告訴我們，不確定性會促使我們走回老路，而不是考慮一系列選項。我們可以從人們對恐怖主義威脅的反應中看到這點，這類事件往往導致人們對執政當局的支持和信任度的激增，以及更渴望參加宗教儀式，更趨向於展示國旗等標誌。我們試圖尋找些許安穩、確定性或熟悉感，來處理自己的緊張情緒。在一組很有趣的研究中，一群美國學生接觸了一段恐怖攻擊影片。結果發現，讓學生重溫這些襲擊事件使得他們在一些完全不相干的問題上做出了異常明快的抉擇。他們越是感到不確定，就越有可能選擇那些被形容為「霸氣」，而非「虛心開明」的政治領導人。

當我們不確定、緊張或疲憊時，我們的大腦會渴望得到堅定的答案。我們有著強烈需求想要終止複雜的問題，而動機主要是減少不確定感的程度，而不是找到最佳解答。當然，這並不容易做到，不過一般來說，最好是在你覺得放鬆、安全的時候做重要決定，尤其是在結果不明朗的情況下。

坦然面對不安

心理治療師經常用帆船的比喻來表達這個觀念。想像一下，你乘著一艘小帆船展開

人生旅程，船長就是你自己。當你駛過水面，有時平靜，有時波濤洶湧，浪花不時濺上舷側，把你的腳弄得又濕又冷。不至於危及生命，你也知道船不會因此沉沒，但很不舒服。船上有一只小水桶，你用來把水舀出去。更多的水繼續流入，你就得加緊用桶子把水清掉。

當你在舀水、忙著把它清空時，看看你的船是什麼狀況。它是否仍朝著正確的方向前進？你是否把較多注意力放在舀水而不是駕船上？

然後仔細看看你的水桶，你發現上頭都是破洞。你一直在使用錯誤的工具舀水，而在這同時，你的船是漂流不定的。你寧可待在一艘漫無目的漂蕩的乾爽的船上，還是忍受一點水和冰冷的雙腳，朝著正確方向航行？在這故事中，煩惱就是漏水的桶子，它是處理不確定性的錯誤工具，使我們迴避了許多必須去面對的問題。提升我們對不安、不確定性的容忍度可以帶來變革。它有助於我們所有人——包括我們的政治領導人，如果我們給他們機會的話——做出更好、更明智的決策，達成我們的目標。

你不見得非要感覺良好才能表現良好，實現自己的目標。這點很值得反思。有時我們就是得接受不確定性和壓力，真的，還有糟糕的感覺，然後繼續撐下去。那些活出精采的人不會迴避負面的想法和感受，以及不確定感。他們接受它們是生命的一部分。例如，心理治療的成功並不是當人感覺快樂、充滿活力之時——儘管能這樣的話也很好——而通常是發生在人們學會更自在地接受不確定性和負面情緒的時候。

增加和不確定性的接觸

杞人憂天（catastrophize）是當你草率做出最壞結論的時候，通常伴隨著一連串因此展開的生動的恐懼意象。我輔導的一位女企業家阿萊莎，為了她的工作夥伴艾邁德沒有按時打電話給她而困擾不已，問題嚴重到了連她丈夫的焦慮也跟著不斷升高。每次會議超時，或者艾邁德在路上塞車而無法給她打電話，他就會開始心慌，因為他知道她會陷入恐慌。隨著不確定性的持續，她會越來越焦慮，並且採取一連串安全行為，例如不停發簡訊給他，發簡訊給她認為可能和他在一起的同事或朋友，甚至查看當地新聞的交通事故報導以確保他沒事，來不斷尋求安心感。這些行為毫無幫助，相反地，它們往往讓事情變得更糟。而當他們終於聯繫上，他總會遭到她的怒火相向，責怪他的缺乏聯繫引起那麼多的焦慮。

我們三人共同擬了一個計畫，來幫助阿萊莎更能安於不確定性，也讓她了解生活的不可預測性不見得是件壞事。我們安排了許多驚喜——艾邁德不期然打電話向她問好，或者帶花到她的辦公室串門子，帶她出去吃午餐。在其他情況，她同意他可以少打一次常規電話，她承諾不會嘗試聯繫。阿萊莎覺得這極為痛苦，但最終她開始了解到，她的擔憂和尋求安心只會讓問題更惡化。當你發現自己又開始瞎操心，不妨花點時間想想，這麼做能帶來什麼好處。通常你會想不出來。

我鼓勵阿萊莎深入思考她對不確定性的負面看法，並加以測試。其中一個看法是，「當我不確定艾邁德的情況，我就無法專心做別的事。」我讓她試驗一下，一小時不聯繫他，專心開會，或者完成一個案子。她對此並不怎麼放心，但了解到這是可行的，什麼事都沒有。

「行為實驗」的力量

阿萊莎和我所做是心理學家所說的「行為實驗」（behavioural experiment）練習，也就是用來測試我們的信念和預期的行為練習。它的操作方式包括讓人們接觸小「劑量」的不確定性、探索憂慮的好處等等。藉由透過行動來挑戰信念，你可以徹底檢驗你最害怕發生的事。這麼做可以有效改變你對不確定性的看法，減輕你的執念，也就是不確定情況必然是負面的。

不妨設計幾個屬於自己的行為實驗，鎖定你在生活中對不確定性容忍度較低的領域。從小事開始：如果你不敢在一場家庭糾紛之後嘗試和某個親人再度聯繫，因為彼此有大量怨懟和敵意，而且已有十年沒來往了……那還是暫時擱著。不過，你可以改而聯絡一個很久沒見面的朋友或熟人，來測試那種感覺。然後，你可以處理一個有點難度的對話——例如在商店或飯店協商折扣。重點是從少量的不確定性開始，然後隨著你變得較為自在，逐漸讓自己接觸越來越大量的不確定性。

你是否頻頻瀏覽社群媒體來追蹤新聞？縮減到每半小時查看一次。然後，一旦你習慣了，減為每小時一次，以此類推。最後，試試每天只查看一、兩次，最好是在預定時間。讓自己休息一下——外出一小時，不要帶手機，或者乾脆把手機關掉幾小時。（最近我在一次學校演講中向一群青少年提出這建議，他們嚇壞了。）不必完全避開這些活動——重點是對自己的行為取得些許掌控，同時更能安於不知情。

懷著好奇心進行這些實驗。對「可能發生的事」變得更加開放、更感興趣，會使得不確定性變得較易於接受，讓你有機會考慮一些可能發生的正向情況，不再老是假設情況會有糟糕的結果。把你預期的結果寫下來：是負面、正面或者中間？然後，寫下實際的結果——是負面、正面還是中間？如果結果不好，你是如何應對的？你應付得了這種情況嗎？你能不能靈活應對？有沒有什麼是你原本可以做的？這點很重要，因為，一旦知道自己找到了應對這種情況的方法，下次當你又對不確定情況感到難以招架時，這將會發揮極大作用。整體目標是從相信「不確定性必然不好，我應付不了」，轉變為相信「有時不確定情況也有不錯的結果，就算沒有，我也應付得了」。

在日記中記錄自己的一些行為實驗會非常有用，說明你在不確定性方面的信念是什麼，你將如何加以測試，以及它的成果，如下表。

你的信念	你的測試方法	結果
你想測試的關於不確定性的的信念是什麼？ 現在你對它的相信度有多少？ （0-100%）	你可以用什麼方法來測試這個信念？	結果如何？ 現在你對它的相信度有多少？ （0-100%）
如果我不確定我的工作夥伴在哪裡，就無法專心工作。 相信度：90%	兩小時不和工作夥伴聯繫。 策略：專注在一個案子上。	我有兩小時忍著沒聯絡。我感覺非常緊張憂慮，尤其在第一個小時過後。但我確實在案子上取得了一些進展。 專心多少是做得到的。 相信度：80%
如果我隔了好一陣子才打電話給朋友，她會生我的氣而且不肯和我說話。 相信度：70%	打電話給朋友。	她非常開心接我的電話，我們聊了好久。 相信度：10%
如果我沒有在我兒子的受訓期之前幫他打包運動袋，他的教練會惱火，而他會錯過訓練。 相信度：85%	讓我兒子打包自己的運動袋。	他果然忘了帶午餐和襪子。他去找教練，教練找了一雙備用襪給他。他的朋友把他們的午餐分給他吃。 相信度：65%

學習如何管理憂慮

個人的身心健康是動態、易變的，需要每天關照。記住，你是自身幸福的主管。有些因素是在你掌控下的，有些則不是。因此，重要的是盡量專注在那些歸你掌管的事情上。除了讓自己接觸少量的不確定性，思考憂慮的模式也很有幫助。問自己，「我今天花了多少時間操心？」心理學家經常用百分等級來衡量一個人憂慮的頻率和強度。你的等級或許會讓你大吃一驚，因為你可能沒察覺自己有多擔心。這也是一個追蹤你的憂慮隨著時間所產生變化的有用方法——又一個利用日記的地方：

1. 回想之前的二十四小時，首先選擇一個最能描述你擔憂程度的說法：毫不（0）、極少（1—20）、有點（21—40）、普通（41—60）、非常（61—80）和極度（81—100）。這將讓你在「毫不」到「極度」等級之間找到一個有用的定位點。
2. 接著，在定位點的分數範圍內選擇一個最精確的數字。如果你在步驟1選擇了「普通」，也許你會給自己56分。或者如果你認為自己「非常」擔憂，你給自己的分數可能是從稍高於「普通」的61，一直到接近「極度」範圍的80分之間。
3. 接著想想你在擔心什麼，問自己，「是否可能解決我擔心的問題？」

當然，有些問題較容易解決。如果你正和工作夥伴發生衝突，抽出時間和對方談談或許會有所幫助。但如果你擔心的是某個家庭成員將來可能患重病，這是你解決不了的。

如果你的主要憂慮可以用解決問題的方式處理，那麼就找出關鍵因素，想想需要做些什麼來解決問題。盡量不要陷入不相關的細節中——這是迴避面對問題所常見且無濟於事的方式。我們經常得在缺乏所有必要訊息的情況下解決問題，因此學習在一定程度的不確定性下做決策是很重要的。你必須在收集大量訊息，以及完全迴避問題之間找到好的折衷辦法。

對於無法用解決問題的方式加以處理的憂慮，直接面對它。一種出奇有效的方法是，用手機錄下你對這種憂慮的描述，說得越生動越好。把錄音聽個四、五次，讓自己投入其中，仔細思考。聆聽時，別試著壓抑憂慮的感覺，只管承受。一開始可能有點令人不安，但隨著持續接觸，憂慮會變得越來越沒有脅迫感。

你認為擔心會讓事情改變嗎？相信擔憂這件事能起作用的想法並不罕見。我曾輔導一名製造公司執行長，他認為擔心他的員工是否投機取巧，對工廠的安全文化非常重要。這成了極大的負擔，因為他不斷想著大家在做什麼，每天詢問員工的安全程序好幾次。不出所料，這讓他的團隊很不自在，因為大家覺得他的不斷檢查意味著他不信任他們。我讓他試著連續幾天只擔心一名員工，然後在接下來幾天擔心另一名員工，然後評估這兩名員工的前後表現是否有任何差異。他逐漸了解到，他的擔憂除了讓自己緊張之外，幾乎沒有作用。他變得對不確定情況安心許多，而且找到更有效的應對策略，每週只和每位員工進行一次討論安全程序的會談。

憂慮常被當作一種日常策略，而我們也看到了，它往往沒什麼效用。許多人練就一身管理憂慮的功夫，直到危機出現，憂慮以及所謂的「災難化思維」（catastrophic thinking）占據了舞臺中央。

危機處理

所謂最佳表現，通常可以歸結為，能夠在變化難測的周遭環境中有效地管理自己。有時你會面臨意想不到的危機：被診斷出得了重病、親人去世或失業。在危機中，你會不會試圖掌控一切？

不過，我恐怕得老實告訴你——你無法掌控，然而這是忍受壓力的秘訣。

當你面臨危機或極度不確定的情況，你的威脅警報系統將處於高度警戒狀態。有一連串步驟可以幫助你渡過難關。你可能會心跳加速，你可能會頭暈，你可能會喘不過氣。深呼吸能讓人平靜下來。花點時間做幾次深呼吸，記住呼氣的時間要比吸氣長一些。除非有明顯的解決管道，或者有必要立即採取行動，否則在這階段不必試圖改善什麼。

一旦冷靜下來，接受了衝擊，檢視一下自己的想法。你是不是瞎操心？這是一個短期內可以解決，或者可能長期發展的狀況，像是被診斷出患有重病之類的？

試著退一步，客觀地看整個情況，不管你有什麼感覺和想法。這叫「去中心化」（de-centring）。這並不容易，卻是一種很有用的技巧。去中心化包括改變你的視角，採取非批判性的觀點來看待整個情況和你的反應方式。有個方法可以達成這點，叫做NOSE技法。這是一種出奇有效的鎮靜工具，很值得每天做，做為一種冷靜下來的練習，或者在任何惱人情況下進行——不必等到危機發生。

- 留意你身體內的變化。（**N**otice what's happening in your body.）
- 觀察你當下的想法和眼前的情況。（**O**bserve what's going on in your mind and the situation.）
- 從你當下的想法退開一步。（**S**tep back from what's happening in your mind.）
- 轉換視角體驗眼前的情況：去中心化。（**E**xperience the situation from a shifted perspective: de-centre.）

迎接意外

威爾·格林伍德（Will Greenwood）是贏得二〇〇三年世界盃橄欖球賽冠軍的英國

代表隊成員，如今已從國際球賽退役。我們共享一個「適應力」展示平臺，以了解英國隊是如何為了讓球員習慣「錯位預期」（dislocated expectation）而進行特別訓練。他們借用了皇家海軍陸戰隊的訓練理念，也就是「不管你期待什麼，都絕不會發生」。一個著名的軍訓手法是等到一趟漫長艱苦的訓練跑步結束，新兵們正巴望著爬上卡車去吃點東西、洗個熱水澡的時候。他們正準備放鬆，突然被告知還有五哩要跑。橄欖球隊在他們的訓練中採用這個技巧，為各種意外情節做好準備：對手在最後關頭得分，兩名最優秀的隊友受傷，開賽沒幾分鐘就落後。重點是不只要預期這些特定情節，還要把事情絕不會如你所願的準則深植腦中。

美國游泳選手菲爾普斯（Michael Phelps）的教練鮑曼（Bob Bowman）也非常相信這項技巧。他偶爾會在訓練或小型比賽之前打破邁克爾的護目鏡，讓菲爾普斯在看不見的情況下游泳。二〇〇八年奧運，在兩百米蝶泳競賽開始後不久，菲爾普斯的護目鏡鬆動，開始進水。賽程的大部分時間他是看不清楚的，最後五十米則根本看不見，但這並沒有阻礙他贏得比賽，而且打破又一項世界紀錄。由於鮑曼的非常規教練手法，菲爾普斯對這種情況已做好了心理準備；他早已算準了在泳池終點調轉前的划水次數，而且沒有因為護目鏡故障帶來的不便而受到影響。

本章摘要

- 人們對不確定性的容忍度不同，但我們可以努力改變自己的容忍水平。
- 不確定感會誘使你太快做出決定，並促使你固守慣有的做法。
- 安於負面情緒和想法能幫助你應對不確定性。
- 在現實生活體驗中接觸小量不確定性，是提升容忍度的有效方式。

Chapter

3 自然界的靈活變通

一九六〇年代，生物學家對神經系統興趣濃厚，也積極尋找可以供作研究，以揭開該系統秘密的完美生物。神經系統由大腦和脊髓組成，包含可以接收外在世界的訊息、指揮動物行為的複雜神經纖維叢。一般認為，理解了神經系統，我們就能深入了解是什麼驅動了動物、甚至人類的行為。人腦太複雜了，生物學家需要一種擁有簡單神經系統的小生物，以便進行研究。

最後他們找到的是一種名為秀麗隱桿線蟲（caenorhabditis elegans）的線蟲。一九六三年，生物學家布倫納（Sydney Brenner）在劍橋大學醫學研究委員會（Medical Research Council, MRC）分子生物實驗室展開舉世聞名的「蠕蟲計畫」（worm project）。至今蠕蟲仍被世界各地實驗室廣泛研究，且已成為地球上最為人所了解的生物。牠們也是我們理解大腦如何運作的基礎。

即使極簡單的大腦都內建了靈活性

布倫納和他的團隊在C線蟲身上發現了許多關於大腦的有趣現象，包括就連這些簡單的蠕蟲都天生擁有靈活性的這個事實。C線蟲有三百零二個腦細胞，即神經元，它們之間總共有大約八千個連結，即突觸。這種簡單的神經系統導致牠們在相當受限的環境下所發生的行為方式也相當有限。也就是說，蠕蟲採取的任何行動，通常都和特定的信號明顯相關。例如，感覺「冷」的信號和「離開」的動作密切相關，土壤中含氧量的下降便會觸發「逃離」這個特定反應。

但有個驚喜。最近的研究發現，儘管存在這種刻板的信號—動作（cue-action）連結，蠕蟲的反應仍然非常有彈性。檢測到威脅時，蠕蟲會啟動自動逃離程序，但逃離的方式非常多樣。科學家們了解到，蠕蟲的一小部分神經元——叫作「指令中間神經元」（command interneuron），始終是活躍的，而且能以看似隨機的方式導致看似隨機的自發性轉彎或倒轉方向。蠕蟲的行為方式很出人意料，例如，即使沒有外部訊號或觸發因素，也會左轉或右轉。這種自發性讓蠕蟲能夠從經歷中學習；例如，牠可能會向左轉然後意外找到食物來源。所以說，即使是簡單的C線蟲神經系統也內建了靈活性。

自然界的靈活性

從單細胞到最複雜的生物系統，靈活性和變通力都十分重要。例如，幾乎所有魚類都可以在胚胎階段進行性別轉換，以造福牠們的物種。如果牠們的數量開始下降——也許因為水中的化學污染或溫度的巨大變化，雄性胚胎會轉變為雌性，來確保物種的生存。反之亦然。以鯛魚為例，這是一種在北大西洋寒冷水域被大量捕撈的魚類。由於拖網漁船喜歡體型較大的魚，通常是雄魚，因此許多雌魚會變性，來保持平衡。同樣地，當一群礁魚失去了單身雄魚，最大的雌魚會在幾小時內開始表現得像雄性，並在十天內產生精子。這項了不起的壯舉是透過激素的變化，來讓牠們的器官轉變成另一種性別。這種轉換性別的適應力解釋了魚類所展現的高度多樣性——魚類大約有三萬三千種，而哺乳動物只有六千種。

哺乳動物的行為也會發生重大的自然適應性，來讓個體和群體能迅速應對威脅。這些轉變可能得經過數代才能確立下來，而不同物種也會以相當不同的方式應對同樣的威脅。例如，冬季極端寒冷和缺乏食物可能會導致許多物種遷移到食物較豐富的溫暖地帶，另一些物種則會在整個寒冷季節冬眠。牠們的體溫下降，不需要吃東西，因而不必冒著嚴寒在外闖蕩。雖然這是針對同一個問題的迥異做法，但都非常有效。

較低階的細菌可以藉由從別處偷取基因來適應，無論是從別的細胞，包括其他細菌，或甚至是從飄浮在自然環境中的DNA分子。這種「水平基因轉移」（horizontal gene transfer）系統讓細菌能「買進」許多新技能和習性，幫助牠們在許多不同環境中成功繁衍。正是這種適應性幫助細菌對抗生素產生強大的耐藥性。病毒也具有類似的適應力。牠們可以快速變異，以設法適應新宿主。這點我們可以從新冠肺炎明顯看出。隨著人們接種疫苗，病毒本身也在不斷變化。這是進行中的生物演化和靈活性，不管我們多麼不樂見它的結果。

幸運的是，我們的免疫系統也有一套反擊的選項。一九七二年諾貝爾獎得主、美國生物學家埃德爾曼（Gerald Edelman）發現，運作中的人類免疫系統可以產生數百萬個抗體，每個抗體的形狀略有不同，使得其中至少有一部分能適應、進而阻斷入侵者的化學受體。這給了免疫系統極大程度的適應力。針對每種可能的情況製造一種防禦工事，讓免疫系統足以擊退幾乎所有類型的攻擊。

我們一次又一次看到，許多結構互異的基因、免疫細胞和生物結構往往可以透過不同的方式執行相同的功能。不同生物系統儘管在構造上各異，卻具有相同功能的這種趨勢，在生物學中被稱作「退化」（degeneracy），這正是為什麼系統可以如此靈活、有韌性。一個很好的例子是，身體內有幾個十分不同的程序都可以快速地將食物轉化為能量。這意謂著新陳代謝（將食物轉化為能量）是一種極為健全的過程，因此即使一條途徑無法發揮功能——例如由於疾病，另一條途徑也會接管，以便整個系統繼續正常運作。

變通力也是大腦運作的核心

多樣性也是我們神經系統的典型特徵。相較於秀麗隱桿線蟲大腦中的三百零二個神經元和八千個突觸，人腦據估計包含八百六十億個神經元和數百兆個突觸。這意謂著我們在靈活性方面的能力要大得多。缺點是，這種靈活性是有代價的。儘管我們的大腦只占我們體重的 2% 左右，但它消耗了我們 25 % 的能量。然而，它也異常複雜，讓我們能同時管理多個目標。

它的運作順暢，因為大腦除了和身體聯繫，在它內部則透過神經元之間像波浪般在腦中傳遞的複雜連結模式進行溝通。沒有兩個神經元的形狀和大小是相同的，每個神經元通常得接收來自數千個其他神經元的訊息。這意謂著，大腦組織的一個微小區域中，就有數十億個連結，即突觸。這些異常繁複的連結模式不僅對我們每個人來說都極為獨特，而且也並非固定不變，會隨著時間而改變。這種複雜性顯示，這些連結不太可能是預先設定的——反之，靈活性是必要的，這樣系統才能對不斷變化的環境迅速做出反應。

這種運作方式十分簡單明瞭。當我們學習新事物，某些神經連結會增強。這被稱為「赫布定律」（Hebbian rule），以紀念加拿大心理學家唐納德．赫布（Donald Olding Hebb）。他發現「一起觸發的神經元會連接起來」（cells that fire together wire together）。換句話說，當特定的神經元同時被激活，它們之間的連結就會強化，它們會像是實體上連結的電路那樣一致反應。但它們實質上並沒有連接，只是因為它們的功用以及同時被激活的事實而銜接上了。如果一段時間過去，這些電路沒有被經常使用，那麼結合的力量將逐漸減弱，「迴路」（circuit）也會逐漸消失。

這些神經連結迴路會隨著環境的變化而出現、轉換，使我們的大腦能靈活應對幾乎任何情況。更為複雜的是，許多不同的神經連結模式也可能帶來相同的結果——退化的又一個例子。例如，當我們學習說一個新的口語，在我們學著唸出它的正確發音的同時，一種結合了腦中的思維以及舌頭、嘴和聲帶特定肌肉活動的神經元連結迴路會逐漸增強。然而，如果我們剛去看牙醫並注射了麻醉劑，原本啟動舌頭肌肉的神經元可能無法再正常工作，於是另一條迴路迅速啟動，使用稍有不同的肌肉來執行同一項功能。這解釋了為什麼在麻醉劑消退前你說起話來可能會有點怪。這種情況一直在發生。如果一個神經迴路被中斷或分散，另一個迴路會迅速接管。

新發現的直覺重要性

除了大腦的內部聯繫，如今我們發現，大腦和身體之間，尤其是和我們的直覺之間的連結，在決定我們的思想和行為方面所起的作用，遠大於我們一直以來的理解。大腦的首要任務是協調來自外界的所有訊息、控制我們行為的系統，以及內在的生理運作三者，來保持身體的平衡狀態。這種三方交流——直覺—大腦—環境軸線，確保了我們擁有足夠的生存和發展所需的代謝資源，而這是我們的大腦真正關注的。這反映了心適力在生物學層面的運作；對環境的變化保持警覺，意識到我們的內在狀態，保持靈活性，這些都是我們的身體和大腦共同運作方式中固有的。

神經科學家麗莎．巴雷特（Lisa Feldman Barrett）形容這是身體和大腦持續追蹤的一種「身體預算」。你的身體資源有限，因此，每當大腦準備參與一項活動，無論是思考、移動或者打電話給朋友，它都會計算那是不是值得投資。銀行裡有沒有足夠的錢來因應這項支出？例如，如果你欠缺某種特定營養素，你的大腦可能會抑制所有其他代謝程序和活動，來優先尋找這種營養素。

正如前幾章提到的，這種持續的預算安排和預期，意謂著你的大腦不斷在預測著最佳的行動步驟。你可能得停止工作，去吃點東西，你可能得睡一覺，你可能需要健身，你可能需要某種特定的食物。你的大腦天生擁有對周遭環境保持警覺的靈活性。你的大腦隨時都在預測接著可能發生的事，然後將訊息迅速反饋給身體。如果事情一如預期發生，預測將照常進行。如果結果不符合預期，就會產生中斷，一個錯誤信號，而且儲存在我們的大腦網路中，以供將來參考。這種體系的影響十分深遠。你對世界的體驗並非只是被動地觀察現實，而是在你的大腦中建構的。你的大腦會做出最好的猜測，然後根據收到的訊息反覆確認這個猜測。

想像一下網球選手費德勒（Roger Federer）正在等待對方發球。像喬科維奇（Novak Djokovic）這類頂尖高手的發球時速往往高達兩百公里。這給了費德勒半秒不到的反應時間，根本來不及移動到正確位置、穩住球拍然後接球。因此實際狀況是，在喬科維奇擊球前，費德勒的大腦便會無意識地預測球的可能落點，計畫必要的行動，然後在意外發生時迅速調整。對網球選手的眼球追蹤研究顯示，普通選手會在對方發球時看球，而頂尖選手則會觀察對手的臂膀、臀部和身體的整體動作，以便在發球擊出前預測自己該採取什麼姿勢。這就是大腦的運作方式，透過預測而不是反應，而這在日常生活中和在網球場上是一樣的。

而大腦這種預測的特質也顯示，比起成功，失敗和挫折對學習同等重要，甚至更重要。

本章摘要

- 靈活性是我們大腦的固有特質。即使是一隻只有三百零二個腦細胞的簡單蠕蟲都懂得靈活變通，能夠從經驗中學習。
- 靈活性對生存至關重要，並且普遍存在於自然界，例如魚類改變性別、哺乳動物免疫系統的運作，以及細菌和病毒的生存方式。

- 心適力的要素——對周遭環境的警覺、意識到自己的內在狀態，以及靈活性，都是我們大腦和身體的運作方式中固有的。
- 靈活性對我們大腦運作中的預測性極為重要。

Chapter

4 靈活性與心理韌性

我們都能指出那些特別能適應生命中一切挑戰的人們。那麼，是什麼使得這些有韌性的人們如此突出？只是性格使然？還是基因中預設好了？目前還沒有明確答案。近年心理韌性（resilience）成了熱門詞彙，人們熱中於相關的科學研究，但這個領域仍存在大量的不確定性，甚至對所謂的「心理韌性」的含義也還存在著爭議。事實上，最近越來越顯示出，一直以來研究人員很可能搞錯了方向，問錯了問題。

何謂心理韌性？

有韌性意謂著表現得比預期好

我們對心理韌性的理解在過去幾十年裡發生了極大變化。曾經有段時間，有韌性的人被認為是不受壓力影響的人，或者一路繁榮發展、幸福快樂的人，或者無論遭遇任何逆境都能「回彈」到正常狀態的人。但當然，沒有這樣的人。每個人多少都會受到壓力的影響。如今我們知道，心理韌性是能夠妥善適應人生重大變化和巨大壓力的一種持續的動態過程。有時我們表現得不錯，有時表現不佳。想到有韌性的人，最好的解釋就是，在他的遭遇中表現得「比預期的要好」的人。經歷創傷後，你可能會苦撐下去，感覺焦慮又沮喪。但考量你的遭遇，如果情況比預期來得好，就表示你頗有韌性。

我們遠比自己想像的更有韌性

當我們觀察人在遭逢重大創傷後的情況，發現有許多不同的途徑可以得到適應力和成功。我們往往沒察覺自己天生擁有強大的韌性。一項又一項研究顯示，多數人——實際上是三分之二，都能以很有彈性的方式度過創傷。即使面對人生重大變故，像是地震、親人去世、恐怖攻擊、失去一切成為難民，有三分之二的人適應良好，能夠在事後正常生活。

心理韌性不光存在腦袋裡

心理韌性不單和我們的想法和感覺有關，也關係到我們所做的事和擁有的東西。與其尋找讓一個人比其他人更有適應力的妙藥，不如從整體來看待心理韌性。事實上，最近的研究告訴我們，有各種「保護性」因素（protective factor）——足以影響心理韌性的實際有利條件，可以增強我們的韌性，而且，更重要的是，這些影響因素是可以調整的。例如，越來越多證據顯示，人際關係和社會支援至關重要，而心理韌性往往可歸結為，能夠在困境下透過協商獲得你需要的東西。這可以包括在出現問題後尋求幫助而不是迴避退縮、減少酒精和藥物的使用、選擇良好飲食和運動之類的健康習慣等等行動，以及避免過度憂慮和反芻思考等無益的習性。當然，外在資源的便利性同樣非常重要——例如我們是否能幸運得到各種生活基本服務。

知名心理韌性研究者恩格爾（Michael Ungar）用灰姑娘的童話來說明這點。「我們誤解了這個故事，」他說：「每個人都認為灰姑娘的大轉變是因為她的內在特質，她的美麗，她的善良，她的樂觀和她的堅忍。」雖然這些都很重要，但他認為真正的關鍵是她的仙女教母。他說：「想想看，仙女教母給了她參加舞會所需的一切；如果沒有華麗衣服和帶她前往的馬車，她永遠也見不到王子。」

如果你的房子淹水，能帶來幫助的是重建所需的理想保險；要從重病中康復，你需要的是良好的醫療和一段痊癒時間；如果你被剝奪財產，成了難民，周遭的財務和社會支援可能會產生最大作用。好幾項針對在異國安頓下來的難民的心理韌性所做的研究顯示，一個重要的預測因子是，家中是否有至少一個會說所在國語言的孩子。能夠在一個新的陌生國度進行溝通，會讓你更有機會獲得你需要的東西。不是所有人都擁有同等的物質資源，但擁有進行協商來取得它們的能力可以帶來改變。

沒有四海通用的心理韌性形式

這些「保護性因素」不一定是我們掌控得了的，而且也會隨著不同情況而異。以教師對幼兒的影響為例。許多研究告訴我們，一個懂得激勵、支持學生的老師往往是孩子人生的重要轉捩點，可以讓他們從災難之路轉向成功的軌道。但其他研究發現，對許多學生來說，一個好老師對孩子的心理韌性影響不大。怎麼可能？答案很簡單。如果孩子來自一個提供了安全基礎和大量鼓勵的高度支持的家庭，那麼相較下，學校或特定教師的影響便相對地小。反之，如果孩子來自一個欠缺支持和鼓勵的極為艱困的家庭背景，那麼支持他的老師的影響可能就十分巨大了。因此，某些因素——就這例子來說是一位鼓舞人心的教師——本身並不具「保護性」。它們的保護程度其實取決於孩子的環境以及教師的行為。

也就是說，在個人內在尋找韌性特質的探索注定會失敗，因為它會隨著事件背景而有所不同。我們的各種個人能力和習慣的有效性，完全取決於我們試圖處理的危機的性質。用來幫助一個人應對在住宅火災中失去家園和所有財產的方法，可能和幫助一個人拯救危急企業的方法不同。在更多的日常情況下也是如此。例如，定期上健身房並經常活動身體，是增強心理韌性的好方法，但如果你大病初癒，強迫自己健身可能會有反效果，而且有損你的韌性。關於心理韌性的最新觀點更為微妙，它告訴我們，當面臨逆境，每個人都必須循著自己的獨特路徑穿越種種困難。

靈活度是心理韌性的要素

由於韌性並非人的內在特質，而是一種具有多個面向的動態過程，因此不同情況也需要不同的解決方案。這正是為什麼心理靈活性如此重要；它能幫助我們協商並找到我們需要的資源。這些資源有時是內在的，有時是外在的。如果你被好鬥的老闆騷擾、霸凌，每天早上花一小時冥想來紓解壓力可能不是最有效的策略。你最好是找個新老闆，或者想辦法脫離現狀。但是，如果你正努力克服長期化療的壓力，冥想或許正是你需要的。

我的實驗室團隊的研究探索了在關鍵的青少年時期面對焦慮和抑鬱的心理韌性。我們的手法是首先弄清楚人們經歷了什麼，以便評估他們表現得比我們預期的好或不好。我們感興趣的事件範圍從一些重大事件，如父母去世、家庭暴力和離婚，一直到一些較正向的情況，如搬家等。我們發現，來自能夠取得較多資源的較富裕家庭，無疑會給人在心理韌性上的有利條件，此外身為男性或擁有健全的自尊也一樣。原因顯然很複雜，尤其是涉及性別的部分。在針對企業環境的研究中，女性在自尊和協商能力方面輕易可與男性匹敵。然而，也有證據顯示，在一些相關的特質上——例如，提出自身要求的能力，在男性身上受到讚揚，在女性身上則被視為不符社交要求。

如何變得更有韌性？

我們處理問題時可以把重點放在問題本身，或者我們的感受上。關於性別和心理韌性的研究結果也反映了一個事實，即女性通常比男性經歷較多的焦慮和抑鬱。我們無法確定原因，但跡象顯示，可能是因為男性和女性在壓力情境下的反應差異。面臨壓力時，男性通常會試圖解決問題，而女性則較可能會反覆思索問題。兩種應對策略的目的分別是消除問題——「專注於問題」，或者以某種方式處理壓力源——「專注於情緒」。關於兩者的成本和益處都有大量研究。

專注於情緒的應對策略關係到你管理壓力的方式。你可能會嘗試一些做法，例如祈求指引和力量，分散注意力，和朋友談論問題，吃療癒食物，嗑藥，喝酒，或者試圖換個方式思考問題，來減少情緒衝擊。在你難以掌控壓力源時，上述應對方法有些相當管用。然而，當你有機會掌握問題的根本原因，專注於問題的策略通常是更有效的解決辦法。這關係到就一些可用來對付壓力情境的解決方案的優缺點進行評估。想像一個場景，當升遷機會到來，你在職場明顯受到歧視或忽略。如果你選擇專注於情緒的方法，你可能會在工作之餘向朋友抱怨，試著冥想放鬆，不去想它。

這些方法或許能在短期內幫助你應對，讓你有好心情，但它們解決不了問題。專注於問題的方法關係到向你的直屬上司提出疑問，和工會共同發起活動，或者乾脆找份新工作。

問自己，你的方法是否靈活有彈性？

正如第二章提到的，非常重要的是要退一步，考慮一下你是否真的能掌控眼前的難題。唯有如此，你才能選定一種最佳策略。這問題是你可以直接處理的嗎？或者這是你非得去適應不可的那類情況？如果你必須拔掉一顆智齒，你就只好去做了。有些人缺乏彈性，高估了支配的重要性，拚命想管理每一個壓力事件。有些人則固執地認為，所有產生壓力的遭遇都是無法控制的。較靈活的人會判斷某些情況是可控的，另一些則不可控。越來越多研究告訴我們，採取靈活的應對方式能帶來較大的滿足和幸福感。想想自己。你傾向於認為壓力事件大都是可控，還是不可控？你的應對方式能不能更靈活些？

我在學校活動中與年輕人交談時，變通力是一個不斷出現的主題。在解釋如何應對困難和挑戰時，應對能力強的年輕人，通常會描述他們是如何頻頻嘗試許多可能的解決方案。那些發展出各種方法來解決困難，以及能夠靈活地實施這些不同方法的兒童，最有可能克服他們面臨的逆境。事實上，從這些討論中得出一個有趣的結論，顯示逆境有時是好事。呼應那句名言「凡殺不死我的，必使我更強大」，那些不得不面對許多問題的孩子，往往會發展出能讓他們靈活有效地運用的一整套應對方法，而這也提高了他們的韌性。這點得到了我們自己所做研究的驗證，這些研究深入探索並且發現，更有彈性的想法也會產生較大程度的韌性。

在極度匱乏的環境下成長，當然會為孩子的發展、整體健康和學習發展的能力帶來嚴重問題。因此，社會科學家和決策者往往特別關注所謂的「虧損模型」（deficit model）。意思是只研究那些來自貧困背景的孩子有什麼問題，而不是他們有什麼優點。但是虧損模型忽略了關於這些孩子如何學習調適他們的生長環境的有趣訊息。在極為嚴苛條件下生長的孩子往往會微調他們的心理過程（mental process），以盡可能地應對各種挑戰。

困境與障礙可以激發韌性

在我的一次研究中，我遇見一個名叫安迪的十多歲男孩。安迪的父母都是藥癮者，他的母親還經常施暴。正因如此，安迪從八歲左右起就經常進出醫院。「一天裡的某個時刻，」安迪告訴我，「我會注意到她就要翻臉的徵兆。」什麼樣的徵兆？我問。「她的聲音會起變化，」他解釋說。「她會狠狠盯著我看。」這時候，安迪算出了他應該開溜。他成了察言觀色的大師。只要他閃得遠遠地，他就沒事，但如果他在她情緒轉變時還在廚房逗留，他就知道會有麻煩。

對於像安迪這樣和暴戾母親同住的孩子來說，能夠察覺細微的憤怒是至關重要的。安迪變得對威脅高度警覺，這在錯誤環境下可能會帶來麻煩，然而他同時又有很好的適應力，能妥善應對許多困難。無怪乎，他不但精於社交，還幫助許多同齡的孩子解決問題。據他的老師們說，他越來越像一個天生領導人了。安迪學到的是，根據當下情勢的具體要求，微調自己的行為方式。

這種讓自己的行動和想法去配合眼前情況的能力，對於具有適應力的成果極其重要。如果安迪在後來的幸福戀情中，依舊維持著和在家裡所需的同樣程度的警戒心，他幾乎肯定不會發展得這麼好。這是因為，正是讓心理過程能夠在一連串不同情況下進行修正、調整的變通力，真正預測了誰會成功，誰會在各種人生挑戰中掙扎。

對所有人來說，靈活性是一項必不可少的技能，可以幫助我們擁有適應力更強的生活。我們無法避免困難和挑戰，因此，我們應對困境的方式越多——加上必要時靈活地改變策略，那麼我們的心理韌性就越強。

靈活變通是心理韌性的核心

我們越是嘗試用各種不同方法來解決人生問題，就越能深入了解在特定情況下可能有效的策略類型。翻閱本書時，你會發現，抗拒僵固性——當我們找到安樂窩，往往一心只想固守現狀——正是繁榮成功的核心。如果你能保持行為和情緒的靈活，那麼無論面臨什麼遭遇，你都會發展出柔軟的心智，去調整、完善你的表現。

再舉個例子。一九八〇年代，傑森・埃弗曼（Jason Everman）用非法鞭炮炸毀了他所在初中的一間廁所。他被停學數週，並被送去看精神科醫生。治療過程中，傑森拒絕開口說話。這位精神醫師正巧是個吉他迷，他彈起了曲子，並教傑森幾個和弦。這事成了家庭笑話，說這是史上最昂貴的吉他課。這個精神醫師希望彈吉他能讓傑森敞開心胸。結果沒有，但它確實讓傑森的人生起了轉變。就在幾年後，一位兒時友人邀他加入一支剛成立、正在物色貝斯手的樂團。他們自稱超脫樂團（Nirvana）。就在他們開始走運之前幾個月，仍然情緒低落的傑森被樂團除名。

然而，傑森調適得很快，不久就應邀加入在當時比 Nirvana 更大的樂團，聲音花園（Soundgarden）。這是他一直想加入的樂團，因而欣喜若狂。接下來是令人興奮的忙亂的一年，包括在歐洲和美國巡迴演出、磨練表演功力，和籌備新專輯，那也是傑森用盡最後積蓄資助的一張專輯。當他們回到家，在即將成為明星之際，傑森再次被踢出樂團。

次年，這張由傑森資助的Soundgarden新專輯創下雙白金銷售佳績，至於Nirvana則成為全球頭號搖滾樂團。多年後，接受《紐約時報》採訪時，傑森承認這是一次沉痛打擊，他花了好幾個月才恢復。

他搬往紐約，加入另一支樂團，Mindfunk，但很快意識到，他不想成為一個窩在三流樂團、懷念著自己在Nirvana和Soundgarden的風光日子的人。「我待過很酷的樂團，」他說：「然而我卻少根筋的淨做些一點都不酷的事。」摘掉鼻環，剪去長髮，傑森在二十六歲那年入伍了。這方面他也表現得極出色，最終在美國駐阿富汗和伊拉克特種部隊服役，並獲頒無數的英勇勳章。「陰鬱情緒並沒有消失，」一位軍方同事告訴《紐約時報》，「只是不再重要了，並沒有干擾他的工作。」離開軍隊後，傑森進了大學，在四十五歲那年在紐約哥倫比亞大學獲得哲學學士學位，隨後在諾維奇大學取得軍事歷史學位。目前他正在學習航海，並打算獨自環遊世界，因為這是「人與大自然亙古不變的衝突」。他打算「投入世界和生命」，因為「變老本身就是一種冒險」。

緊張和壓力會放大熟悉事物的吸引力。正如第二章提到的，當我們對自己沒有把握或單純只是害怕，我們的天性是走回老路，而不是保持開放心態。傑森大可繼續待在樂團當樂手，這對他來說很熟悉，他也很擅長，但他也意識到這對他不管用。因此他放膽一試，轉向一種全新的生活方式。他的靈活性使他能夠切換，而不是固守著舊習。

爲了增強心理韌性，我們需要心適力

這種將人生視為冒險、保持開放心態、保持嘗試不同事物的靈活性觀點，充分展現了心適力和心理韌性的精髓。我們的祖先之所以能成功繁衍，是因為他們有能力適應各式各樣的環境。同樣地，有韌性的人也懂得運用各種策略，來因應他們遇上的一切人生挑戰。

所有人都可以提升自己的韌性，方法就是開發接下來幾章將要討論的心適力四大支柱。靈活變通就是運用最適合當下情況的任何特性、能力或素質。為了增強韌性，我們必須敞開心胸，以清晰的專注力評估情勢，選定最佳的行動方案。我們越能掌握心適力的原理，就越可能變得更有韌性。

本章摘要

- 心理韌性並非不受變化和逆境的影響，而是，就你所經歷的遭遇而言，你表現得「比預期的要好」。
- 心理韌性不是一種魔藥，它是動態的，受許多不同事物的影響，這正是為什麼它和靈活性密切相關。

- 心理韌性取決於我們所做和擁有的，也取決於我們的想法或感受。
- 克服挑戰、經歷逆境往往有助於激發我們的心理韌性。
- 應對壓力情境的靈活性或變通力是建立心理韌性的關鍵。

心適力第一支柱

心理
靈活性

Chapter

5 靈活性的好處

一個晴朗的早晨，帕迪・隆德眼看就要精神崩潰。

表面上，帕迪十分風光。他在澳洲布里斯班的一個熱鬧郊區開了家生意興旺的牙科診所。但他不甘只做他喜愛的牙科業務，一心想建立一個商業帝國。他的生活一直很緊張，人際關係也惡化了。他極度不開心，感覺人生乏味。

帕迪了解到他必須有些激進的做法。經過十年的成功創業，他問自己，他真正喜歡做的是什麼，以及如何最大化這些體驗。他發現問題部分在於，他只喜歡和他的某些病人在一起——他發現病患大都很難相處。因此，他決定縮減人數，只為他喜歡的患者服務。這表示他得剔除將近八成的客戶。他把他的診所從電話簿刪除，撤掉他的網站，把建物上的所有招牌拆除，請剩下的病人把他推薦給他們的朋友。

他估計，靠他喜歡的病人推介客戶，前景應該不錯。接著，帕迪將他的一半建物改造成咖啡館，目的是打造充滿幸福感的牙科事業。幾年後，他每週工作約二十二小時，收入增加一倍多。工作量的減少意謂著他有了更多時間和家人朋友在一起，培養新嗜好。最重要的是，帕迪很快樂。

什麼是心理靈活性？

每個人在人生的不同階段都會面臨不同程度的壓力。「人生難免風風雨雨（Into each life some rain must fall），」詩人朗費羅（Henry Wadsworth Longfellow）有感而發。牙醫帕迪・隆德找到自己的創新、靈活方式來應對緊張生活，並做出了重大改變。但是管理壓力的方法很多，而且並非所有方法都那麼激進。因此，重要的是要有一整套不同方法來管理壓力和焦慮。這是心理靈活性的一部分——靈活應對複雜的世界。沒有一種方法能適用於所有情況。就如美國心理學家馬斯洛（Abraham Maslow）的警示，「如果你唯一的工具是一把槌子，你會忍不住要把一切都當成釘子來處理。」馬斯洛的意思是，我們傾向於用手邊現成的工具來解決問題，而不是看看有沒有更好的辦法。

心理過程也是如此。如果你習慣性地以某種方式去處理一個問題，那麼有些時候或許效果不錯，但在其他時候，這可能是完全錯誤的做法。我們已經看到，當你感到不知所措或不確定，轉向內在，讓問題一遍遍縈繞在腦中——憂慮，是一種可靠有效的辦法。

某些情況下，這可能會有幫助，但多數時候，這只會讓事情更糟。如同帕迪．隆德領悟到的，到了某個時候你非得把它放下，遠離內心小劇場，靈活思考向外尋求解決方案。

你如何知道自己是否心智靈活？

幾年前，我發現可用的心理靈活性衡量標準是不足的。因此，我和我的實驗團隊共同開發了一份包括了幾個思維彈性（psychological flexibility）要件的新問卷，並花了將近兩年向數百名受測者提出這些問題。你也可以填寫以下的「心理靈活度問卷」（Mental Agility Questionnaire），看看比起數千名接受調查的學生、企業家和選手，你的心理靈活度究竟如何。

心理靈活度問卷

就你對下列問題同意或不同意的程度進行評分。仔細思考每個問題並誠實回答。

非常同意—6分
同意—5分
有點同意—4分
有點不同意—3分

非常不同意——1分

不同意——2分

1. 我對未來很樂觀。
2. 我比我的朋友們更樂於改變。
3. 我很善於適應各種情況。
4. 我有時會做不尋常的事。
5. 我有自信能適應新的處境。
6. 我知道世事無常——人生本就如此。
7. 一旦我開始做某件事，必要時我很容易停止。
8. 當我遇上困難，我會多方嘗試來尋找解決方案。
9. 我擅長從一個想法快速切換到另一個。
10. 我擅長處理意外。
11. 當事情發生變化，我會很興奮，而不會緊張。
12. 有時候我的思考方式和別人很不一樣。
13. 我熱中於向其他人學習。
14. 我善於同時處理好幾種不同的想法。

15. 我覺得自己很容易在長期目標和短期想做的事情之間取得平衡。
16. 我了解到，有些事我在某些情況下表現很好，但其他情況則否。
17. 人生的多數事情都不是非黑即白——它們要複雜得多。
18. 我非常善於察覺人們的情緒變化。
19. 我能夠從錯誤中學習。
20. 只要對其他人有益，我會很樂於改變主意。

現在把你的得分加起來，得到一個20到120之間的數字。簡單地說，我們可以在以下假設下工作：

一、總分20到60之間，表示「低靈活度」或「缺乏彈性」。
二、總分61到79，在「典型靈活度」的下端。
三、總分80到99，在「典型靈活度」的上端。
四、總分100到120，表示「高靈活性」或「很有彈性」。

你得幾分？無論結果如何，請記住這不是一種固定狀態。目前你或許缺乏彈性，但在完成本書中的各種練習之後，你應該會發現你的心理靈活度提高了。如果你已經很靈活，那很好，但不要自滿——你總是會有進步空間的。

靈活心態的力量

多虧了靈活心態，帕迪得以做出改造人生的改變。在絕望深淵中，他對內心情感所持的開放態度，讓他有了選擇最佳生活方式的自由。想想看，這樣一種靈活的想法能對你的人生起什麼作用。這正是我們即將討論的心適力第一支柱——如何建立你的靈活性。

擺脫束縛性思維的限制

靈活性可以讓你的心思自由考慮其他可能性，擺脫老式的思維模式——有些心理學家用「自動化暴政（tyranny of automaticity）」來形容它。這裡的「暴政」指的是難以擺脫我們慣常的做事方式。「我們一向都是這麼做的」這句口頭禪，實在不是做任何事的好理由。現狀或許令人安心，但重要的是要質疑：我們過去的習慣和做事方式真能滿足我們的需要？

堅持或改變？

靈活性涵括了人類的各種能力，但通常可以歸結為一個簡單的抉擇：你會堅守現狀或者做出改變？轉變很耗費精力，因此應當只在必要和有用的情況下才能進行。轉變的這種消耗精力的特性也是我們天生安於現狀的原因之一，這也使得我們有染上精神關節炎的風險。

回想一下當你面對實際困難的時候，或者一種不滿足感，或只是一種泛泛的不安感。你可能會問自己，是不是該做出改變了。這不是簡單的抉擇。你不想因為遇上困難就放棄。如果我們總是在需要拚搏或「堅忍」的時候放棄，就沒人會贏得奧運獎牌，或者在任何行業取得成功。

但有時候，堅持不懈的毅力並不能改善你的人生，有時甚至等於白費功夫。不願轉換方向可能會導致不滿足感，而且斷了其他選擇。制定計畫，然後不顧結果如何，一路悶著頭堅持下去，這實在不是人生的運作方式。

你可曾在生命中的某個時刻死守著某樣東西或某個人？當時可有跡象顯示你需要做出改變？是什麼阻礙你改變？思考這點或許能幫助你開始評估，你是否傾向於明明到了該改變的時候，卻還一味堅持下去。或者正好相反，你可能傾向於過早放棄。這個重要的抉擇——堅持或改變，適用於生活中的大事，也適用於我們經常得面臨的日常小事。

這兩種策略對於你生活中的各種目標和關鍵時刻十分重要。當你正從事一項需要重複練習的任務，例如為比賽或考試做準備，那麼就需要堅持不懈。然而，當你正執行一個包含多個不同元素的複雜企劃，你可能得經常在工作的不同面向之間進行切換。

倘若世界保持不變，那麼光憑毅力就夠了，但正如我們最近看到的，人生唯一不變的就是變。別人不會總是照著你期待的方式去做，意外會發生，各種新發明會讓我們空有一身技能卻無處發揮。

切換靈活的腦袋有助我們成功

最近的尖端科學顯示，心理學研究者稱為「思維彈性」的東西——我稱之為心理靈活性，和幸福、成功密切相關。無論你怎麼稱呼它，它都是透過許多方式來衡量的，通常是問卷調查和訪談。我自己的研究試圖「深入探究」，想看看我們是否能弄清楚，大腦的運作方式如何大幅促進我們在行動中的心理靈活性。這項工作探索了我們的大腦在堅持或改變時的流暢度。我們將在下一章進一步探討這項工作，但此時我們可以從一系列不同偏見之間的緊密關聯看出一點端倪。這裡就藉由我自己對青少年的一項研究調查開始說明。

這項研究的第一步是測量青少年的三種不同類型的認知偏差（cognitive bias），方法是直接評估他們是否將**注意力**指向不愉快或愉快的影像，他們實際上**記得**什麼，以及他們如何**理解**我們向他們提出的不明確場景。因此我們必須進行三種不同的偏差測量：一是注意力系統，一是記憶系統，另一種是理解系統。例如，為了測量記憶的偏差，我們向受測者展示了幾個單字，一些是不愉快的（癌症、失敗），另一些是愉快的（派對、成功），然後要求他們盡可能回想這些單字。容易焦慮和抑鬱的人傾向於選擇性地回想起較多的不愉快字眼，而較快樂的人往往沒表現出這種對負面字眼的偏好。這點和許多研究相符，這些研究顯示，活得精彩成功的人往往記不得自己遇見的許多負面事物。

收集了這些訊息，接著我們研究了這些不同類型偏見之間的關聯性。我們的發現很有意思：在苦於焦慮和抑鬱的青少年身上，對威脅和負面事物所呈現的三種偏見類型之間的關聯全都緊密得多。舉個例，當一個區域的偏見被激活——例如創傷記憶，它會很快導致在注意力以及對不確定性的理解上的偏見。不妨把它想像成老式的電話交換機或網路，當中的不同分機（偏見）相互連結，如果打其中一個分機，所有分機都會響。這意謂著，對許多青少年來說，一旦其中一種偏見被激活，三種負面偏見都會啟動。也就是說，最終他們的大腦會被觸發一堆又一堆消極想法，導致壓力和焦慮進一步升高。

在那些健康發展的青少年身上，連結的情況完全不同。這時，幾種偏見之間的關聯要鬆散得多。有點像斷掉的網路，其中某些分機（偏見）互不相連。因此，如果記憶中的偏見被激活，也不一定會啟動注意力或理解系統的偏見。也就是說，有些青少年較能思考負面事物而不會在整個系統中引發一連串消極性和與之相關的偏見。

我們還不完全了解為何會這樣。但可以確定的是，一個較寬鬆、靈活的系統會讓人保有更開放的心態，有能力考慮許多可能性，包括一些在過去可能效果不佳的行動。這種鬆散連結的構造意謂著人較不會陷入固定的做事方式，因而更可能成功。可喜的是，我們可以善加訓練大腦，讓它變得更靈活。

如何讓大腦更靈活？

這種隱藏在大腦深處的特徵最終反映在一種能力上，即根據不斷變化的需求改變想法或行動。在大腦中培養這些更有彈性的連結的一個方法是，對你理解周遭事件的方式進行細微的調整。一個簡單的技巧是開始關注一些讓你煩惱或不安的事，看看你是否能找到不同的方式來理解它們，而不是讓你的心思走上最顯而易見、最消極的捷徑。

假設你很沮喪，因為你的朋友很少聯繫你——總是你聯繫她。你或許覺得她沒什麼興趣見你。但會不會有其他同樣合理的解釋？也許她太忙於工作或家人，以致抽不出時間？也許她認為你很忙，沒有閒情見她，所以總是等你提議才碰面？當你發現自己處於類似情況，不妨積極地思考幾種不會給你帶來不良影響的解釋。

重點是要不斷挑戰你慣用的理解方式。經常做這個練習可以幫助你鬆開大腦裡的連結，讓它們變得更開放、有彈性，使你能夠接納各種可能性。這會讓你得以改變、微調你看待事物的方式，逐漸消除思維的僵化，最終改變你的行為方式。

靈活性與成功

儘管得付出努力，變得更靈活將讓你學會順應一切。提高思考靈活性的一個附帶效用是，它將讓你更善於決定何時該堅持，何時該改變。這點可以在運動競賽中清楚看出：觀看一名頂尖選手在比賽中發揮到極致，向我們展示了細微調整是如何強化了身心靈活性。而這種能力只能透過練習、練習、再練習來達成。

以北愛爾蘭足球選手貝斯特（George Best）為例，他被公認為有史以來最有天賦的足球選手之一，甚至被拿來和梅西（Lionel Messi）、馬拉度納（Diego Maradona）等超級明星相提並論。看他踢球常被形容為有如觀看運動中的詩歌。即使在顛簸的球場上，他似乎總能輕鬆彈球。無論球是向左或向右旋轉，也總能直接滾到他腳前。帶著流暢和優雅，球和貝斯特彷彿在完美的舞蹈中一起移動。當然，他的彈球機會實際並沒有比其他球員多，但他擁有身體智能和本領，能夠留意彈球的角度，調整身體的弧度，來確保自己處於完美的位置。這是精神和身體的靈活性看似神奇地融合為一的狀態。

我們或許達不到貝斯特這些人在運動上的高度，但藉由鍛鍊自己的心理靈活性，我們可以提升在適當時刻選擇適當策略的能力。我們做得越有成效，我們的人生就越順利。正如一個優秀選手可以把它表現得一派輕鬆，那些心理靈活的人也可以讓它看來像是沒什麼障礙地順利透過人生道路。其實不然，那只是表面，實際上他們時時刻刻都在進行著細微的調整和適應。這些調整是必要的；靈活的人不會為改變而改變，他們會在需要改變的時候做出改變。

心理靈活性不是關於為改變而改變，而是在與環境和諧一致中進行改變。這點一定要謹記。靈活意謂著轉換——或堅持，來為手頭的任務採取最佳手段。讓孩子們開心，管理一個複雜的企劃，交涉一筆商業交易，經營一段長期關係：這些都需要心理靈活性。我還記得在我學術生涯的早期，在一個大演講廳面對五百多名學生，試圖在整整一小時中吸引眾人注意力的那種惶恐。我很快發現，訣竅是緊盯著聽眾。我很想照著講稿走，直到把所有素材講完——尤其當我緊張的時候。但我了解到，如果一開始就沒抓住聽眾，繼續下去也沒什麼意義。一旦我有了點經驗，也不再那麼焦慮，我會較頻繁地望向臺下的無數臉孔，評估他們是否還在傾聽或者能理解。在引入一個困難的概念後，我往往會看到困惑或茫然的表情。我學會在這時做出調整，用另一種方式解釋同一件事，嘗試找到更好的類比，也許試個幾次，然後才繼續下去。對學生聽眾做出反應並保持靈活性至關重要，即使因此而沒能講完預定的演說內容也不足惜。

靈活性也有助於取得商業成功

玩具製造商樂高（Lego）就是個好例子。在一九九〇年代末、二〇〇〇年代初，樂高遇上了困境，該公司受到全世界兒童喜愛的色彩鮮豔的積木銷售逐年減少。顧問們趕往遙遠的丹麥小鎮比隆（Billund），也就是該公司總部所在地。他們提議樂高必須創新，開發新的玩具系列。接下來幾年，樂高推出一個又一個創意，但銷售額持續下滑，債務卻不斷上升。雖然這些新玩具中有不少創新有趣的，但它們並未吸引樂高的核心客群：喜歡動手做東西的兒童。

二〇〇四年，樂高公司任命了新的執行長納斯托普（Vig Knudstorp）。納斯托普意識到樂高已經忘了它的核心產品：積木。需要做的是以它為中心進行創新。他在想，該如何鼓勵更多孩子開始玩簡單的積木？

仔細觀察他們的核心客群，很明顯，樂高面對的是在科技環境中長大的新世代兒童。納斯托普靈機一動，開始尋找能與基本樂高積木相互搭配的數位科技，而不是尋找全新的玩具。結果，樂高創造出極為成功的機器人系列，這些機器人在現實中用樂高積木堆成，可以透過應用程式往不同方向移動。這項創新有助於填補虛擬遊戲和真實遊戲之間的缺口。如今孩子可以在虛擬數位世界中搭樂高房屋，也可以在現實世界中用傳統方式搭房子。這種新的數位元素也吸引了成年人，帶來更高的銷售額。他們的成功使得樂高被稱為玩具界的 Apple，在美國的年銷售額超過十億美元。二〇一五年，《富比士》（*Forbes*）雜誌宣布，樂高集團已取代法拉利，成為全球最強大品牌。

對樂高來說，這次突破的有趣之處在於他們學到一課：單靠靈活性是不夠的。樂高在開發許多新的玩具系列方面非常靈活。然而，它行不通。直到他們運用自己的直覺智力（心適力第四支柱），努力去了解他們的核心消費群的需求，這時才有了突破。這是超強靈活性——透過直覺和情境覺察獲得訊息，也是心適力的精髓。樂高不光是嘗試做不同的東西，它接納了新科技，並找到新的方式，吸引所有年齡層的客群都來玩它的小小塑膠積木並進行實驗。納斯托普明智的心理靈活性帶來了一種讓公司改頭換面的嶄新手法。擁有保持靈活、創造變化而不光是回應變化的能力，是樂高重生的關鍵。

為何改變想法這麼難？

從外人的角度看這些故事，切換到靈活思維似乎很容易。那麼為何我們會覺得要改變自己的心態很困難？原因是我們在不經意間一遍遍演練著一種做事方式或一種思考方式，而且往往從小就開始，因此很難擺脫這種經過精心排練的規律。下面的測試是一個可以顯示要擺脫慣有、熟練的思考方式有多麼困難的好例子。你可以用這個著名的九點連線難題來測試你的變通能力。做法是一筆到底，用四條直線將九個點連接起來。

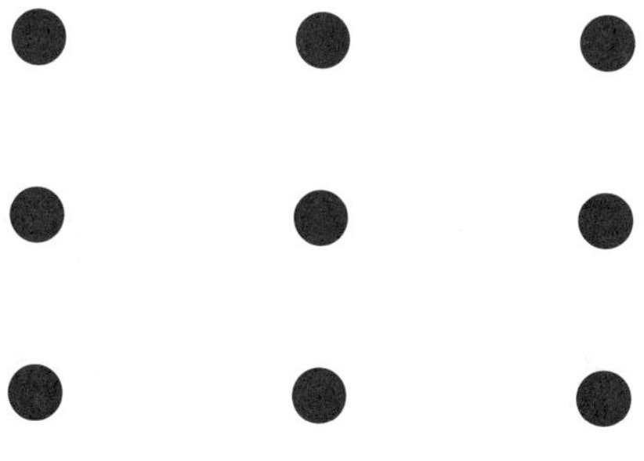

儘管看來簡單，但這個謎題極難解開。等你看到解答（書末附錄），就會明白為什麼了。問題就在大腦被一種熟悉的思考方式限制住，因此我們會覺得這些點是位在一個想像中的正方形的周邊。我們以為我們必須待在這個四方形的邊界內——甚至有人猜測也許是這個謎題激發了一九八〇年代流行的管理用語「跳脫思想框框（thinking outside of the box）」。然而，當我們意識到我們不受這個虛構正方形邊界的限制，解開難題就變得容易多了。正如二十世紀極具影響力的經濟學家凱恩斯（John Maynard Keynes）的警示：「困難不在發展新觀念，而在擺脫舊觀念。」慣有的想法往往很難動搖，而這多半是因為從一種思考工作或思路切換到另一種並不容易。

打開眼睛與心胸

細菌的發現是說明這在現實世界中如何運作的絕佳例子。在中世紀，傳染病和流行病是一種經常性的威脅。傳播迅速的疾病常在炎夏期間出現，尤其是在空氣中充斥著垃圾、動物和人類糞便惡臭的人口稠密地區。人們認為，腐敗有機物所釋放的無形蒸氣會侵入人體，擾亂它的生命機能。這種「惡氣」或「瘴氣」據說是十三世紀中期導致全歐洲兩億人死亡的黑死病的主因。許多證據支持了「瘴氣」理論，該理論一直盛行到十九世紀。然而一八六四年，法國化學家巴斯德（Louis Pasteur）進行了一系列權威性實驗，徹底推翻了瘴氣理論，以「微生物理論」（germ theory）取而代之。當然，如今我們知道，當衛生大隊清除惡氣的來源，他們無意中也移除了疾病的真正起因，**細菌**。

然而，值得注意的是，其實義大利詩人、醫生和科學家弗拉卡斯托羅（Girolamo Fracastoro）早在三百多年前就想到了「微生物理論」。一五四六年，他寫了《論感染、傳染病及其治療》（*On Contagion, Contagious Diseases and Their Cure*）一書，主張疾病感染不是因為「惡氣」，而是由可以在人與人之間傳播的「種子狀生物」（seed-like beings）或「細菌」引起的。儘管他認為這些細菌是可以蒸發並在空氣中擴散的化學物質，而不是我們現在所知道的微生物，這仍然是一種思考疾病傳染的根本上的新方式。但它完全被忽視。當時的主流理論認為「惡氣」是問題所在。因此，類似細菌的物質可能是元兇的想法根本突破不了科學階層。

就在弗拉卡斯托羅的想法首次發表一個多世紀後，一六七七年，荷蘭科學家雷文霍克發明了高級顯微鏡，直接觀察到了細菌。在他的顯微鏡下觀察水滴時，雷文霍克驚訝地發現微小的有機體——他稱之為「微動物」（animalcule）。但這時仍然沒有和傳染病產生連結，因此直到近兩百年後法國巴斯德的著名實驗，雷文霍克這項觀察的意涵才被充分認識。

科學界花了漫長時間從「惡氣」轉換到「微生物理論」是一個完美例子，說明了在集體而僵化的心態下工作，是如何讓我們對那些和主流觀念格格不入的事實視而不見。科學家們花了兩百多年時間，才真正「看到」雷文霍克的實驗中顯而易見的東西。想想看，要是我們能敞開心胸接受所有的可能性，進展會有多快速。

回顧歷史，我們會發現，人類知識的許多巨大飛躍都是基於一種轉變，也就是我們開始以新的、意想不到的方式去思考熟悉的事物。但是無法從一種思考方式轉換到另一種，意味著我們錯過或忽略了潛在有用訊息的意涵。

我們只看見我們想看的

開放心胸超越自己的價值觀和信念的刻板限制，還會大大影響我們對世界的觀察。我們都傾向於「看見我們想看的」。

在你觀賞最喜歡的球隊時，這點可說再明顯不過了。在美國一場火爆的大學足球賽之後，進行的一項著名的心理學實驗完美證明了這點。那是一九五一年，球賽是普林斯頓老虎隊對上達特茅斯印第安人隊，是兩所學校在該賽季的最後一次交手。普林斯頓大學有一位明星四分衛，卡茲邁爾（Dick Kazmaier）。他在那年登上《時代》雜誌封面。這將是他的最後一場比賽。在第二節，當卡茲邁爾在對手的一次特別粗暴的搶球後，因鼻子骨折和腦震盪，不得不離開時，整個球場起了騷動。到了下一節，一名普林斯頓球員撞斷了一名達特茅斯球員的腿。比賽就在這種惡性的你來我往中進行。最後普林斯頓隊以十三比零獲勝。比賽結束後，怒火和譴責仍然繼續延燒。

接下來幾週，雙方的校刊分別對這場比賽做出截然不同的報導。但達特茅斯和普林斯頓兩校的心理學者開始懷疑，兩所學校的學生有沒有可能真的「看到」球賽的不同版本。為了得到答案，他們聯手招募了來自達特茅斯學院的一百六十三名學生和來自普林斯頓大學的一百六十一名學生，讓他們觀看比賽錄影，然後填寫問卷。

研究結果令人震驚。幾乎所有普林斯頓大學的學生（86%）和多數中立的觀察者都表示，是達特茅斯隊先開始動粗，然而只有36%達特茅斯學院學生同意是他們的球隊引發了衝突。觀看比賽錄影時，達特茅斯學院學生挑出的該校球隊犯規次數只有實際次數的一半。結論是，受測者不光是**聲稱**看見了不同的東西；取決於他們對學校的忠誠度，他們實際上真的看到了非常不同的球賽版本。

這項研究常被視為更廣泛真理的證據。我們都不是事件的公正觀察者。我們「看見」的東西帶有極大的我們自身偏好和成見的色彩。這導致我們在看事情時非常僵化，只有符合我們信念的事物才能被準確感知。這也是為什麼我們較容易注意到陌生人，而不是我們的朋友的不法行為。這可能導致糟糕的決策和錯誤的假定。信念和忠誠會使得我們在解釋身邊發生的事情時變得封閉、僵化。

正如我們在本章中看到的，心理靈活性足以改變我們的生活。它有助於我們敞開心胸接納各種可能性，更清楚地看待事物，幫助我們茁壯發展，幫助我們在運動、商業和日常生活中取得成功。心理靈活性有幾個構成要素，包括一些能讓我們從一種想法轉換到另一種的基本心理過程，我們將在接下來兩章中探討。

本章摘要

- 更靈活的思維有助於你茁壯發展，做出更好的決策，敞開心胸接納更廣泛的可能性。
- 靈活變通主要是指能夠擺脫舊的做事和思考事情的方式。
- 靈活心態無論對企業決策或個人生活都有好處。
- 心理靈活性不是為了改變而改變，而是一種根據情況選擇正確做法，富有見識的變通能力。

Chapter

6 大腦靈活性的基本要素：認知彈性

我曾有一次驚恐得不知所措。當時我十二歲，住在都柏林市郊海邊。暑假期間，我和朋友們大多在附近的一個小海灣度過，沿著一條陡峭的懸崖小徑走下小沙灘。有人在海裡搭了一堵圓形的牆，帶有大約一米高的跳水柱，退潮時便形成一個大游泳區。漲潮時看不見，但隨著潮水退去，水池和柱子就會出現。

在一個微風徐徐的溫暖日子裡，當大浪開始漫過石牆，我們正在泳池裡玩水。隨著潮水湧入，池子迅速漲滿，我們很快探不到底。這並不罕見。我是游泳好手，在猛烈的浪花中玩樂，直到一陣特別強勁的碎浪冷不防襲來，將我重重甩向石牆。海浪在我周遭翻攪，我拚命喘氣，勉強爬上潛水柱，緊緊抓住。

環顧四周，我發現其他人已經都爬出了水池，洶湧的水池中只剩我一個人。海岸約在三十米外，我原本可以輕鬆游到安全的岸上，但這時我整個僵住，嚇得無法動彈，死命抓住柱子。不知過了多久，一個叫詹姆斯的男孩游過來幫我，他是當地數一數二的英俊男孩。我堅持說我不能動，要一直守著柱子，直到潮水退去。這當然是完全行不通的——我知道還要幾小時才會退潮，而在那之前海水會淹過柱子。

最後詹姆斯說服我鬆開柱子，游回岸邊。我嚇壞了，但朋友們卻不怎麼諒解。由於我是游泳好手，他們認為這一定是精心設計的舉動，好吸引英俊的詹姆斯來救我。「妳真該得奧斯卡獎，」其中一個笑著說。直到今天他們仍然不相信我，但當時我真的是嚇呆了。

人為何容易「僵住」？

多年後，做為神經科學家和心理學家，我明白了當時我為何會無法動彈——答案來自我們的演化史。由於獵食動物能偵測到最輕微的運動，因此對恐懼的一個自然反應就是保持靜止不動。這種反應的殘跡還留在我們的大腦中，因此我們常在害怕時僵住——即使只是暫時。但情緒反應在錯誤環境下很可能毫無用處。「僵住」（freezing）或許可以讓兔子避免被狐狸發現，但如果兔子用同樣的方式對著迎面而來的車大燈，將是災難一場。同樣地，當年我的大腦堅持要我緊抓著柱子，顯然不是該情境下的好選擇。但這應該歸咎我們的基本生物特性。

不光是我們的身體反應會變得僵化，我們的思想和情緒也會變得缺乏彈性。我自己的研究顯示，貫穿人的許多問題的一個共同點是，難以讓自己擺脫無益的感覺、想法和行為。想想當你面對持續的困擾時可能會進入的心理循環。無論你多麼想轉移注意力，你的腦子都會不斷回到那個煩人的念頭。雖然熟悉的做事方式較令人安心，但重要的是要不斷問自己，你的方法是否真的適用於你遇到的問題。

「認知彈性」大腦靈活性的低音旋律

為了保持心理健康和對生活的熱情，從僵化轉向靈活是很重要的。要理解這點，我們首先需要深入我們的大腦。我們會發現那裡頭有一個大大超出我們覺察範圍的超快程序，叫作認知彈性（cognitive flexibility）。這是大腦中關於人能夠堅持繼續做同樣的事（容易），或者轉而去做不同的事（困難）的基礎部分。我緊抓柱子的決定反映了「容易」的堅持選項，而跳入海浪、克服恐懼則是困難得多的「改變」方法的選項。雖然（起碼一開始）我並沒有花太多時間去想，這個例子展現了在有意識的思考和行動中保持靈活心態的好處。在本章中，我們將深入研究發生在我們大腦中、支撐著靈活心態的一些低層次、主要是無意識的程序。這些大腦程序在心理學術語中被稱為「認知彈性」，它們幫助我們決定「堅持」或「改變」。

當你堅持或改變時，大腦有何變化？

大腦中有兩個不同的內在程序支持著這兩個替代選項：「認知穩定性」，即面對干擾時堅持並持續不懈的能力；以及「認知彈性」，即轉換的能力。

認知穩定性涉及兩個心理階段：

- 首先，將注意力集中在眼前的目標上。
- 然後，抑制關於其選擇的所有念頭。

認知彈性較複雜，涉及四個不同的心理階段：

- 首先，將注意力轉移到新目標上。
- 接下來，壓制舊目標。
- 之後，想想實現新目標需要做些什麼。
- 最後，將達成新目標所要做的一切付諸行動。

這兩種能力的共同點比你想像的要多。腦部造影顯示，兩者都受到大腦前額葉皮質內的同一個區域的影響，這是大腦中負責重要認知功能的區域。最初我對這種重疊感到驚訝，但仔細一想，很顯然，無論你是試圖阻止關於其他選擇的所有想法（並堅持下去），還是阻擋舊目標（以便做出改變），你的大腦都需要抑制許多不同的想法和行動。因此，這種抑制能力（被稱為「認知抑制」）對於靈活性和毅力同等重要，也是合理的。

腦部造影研究還顯示，思考靈活的人在大腦的不同區域之間的連結也更有彈性，類似於我們在青少年受測者身上觀察到的情況。更靈敏的大腦是流動的，連結可以在瞬間靈活地重組，以支持任何亟需的心理過程。重要的是要了解，這些連結並不是固定不變的——任何人都可以透過加以訓練來鬆活我們的大腦網路。如果我們致力於幫助大腦從一種想法快速切換到另一種，將使得我們在日常行為中變得更加靈活。

認知彈性

認知彈性是指我們大腦中的一種低階程序，能讓我們從一項任務切換到另一項任務——也可以稱為「心理設定」（mental setting）。舉個例，如果你喝一口水，拿起杯子是你的心思所投注的一個設定，把它移到嘴邊是另一個，然後啜飲和吞嚥是另一個。在大腦的處理上，整個程序中的各個部分都需要從一個心理設定切換到另一個。我的論點是，這種從一種心理設定流暢地切換到另一種的能力，不僅有助於行為的流暢度，還能強化我們克服慣有想法、從舊思維轉換到新思維的能力。

如同前一章所示，我們全都遊走在從極度僵化一直到應變自如的光譜中，隨著年齡的增長，我們往往變得較缺乏彈性，更加固執己見。然而，在我們能夠充分發展靈活性之前，重要的是先研究它的基礎部分：大腦中認知彈性的流暢度。我們可以**學著**在認知上變得更靈活，而發展這種轉換——從一種心理設定到另一種心理設定的流暢度，在幫助我們做出調適上至關重要。

學習「任務切換」

在大約七到十一歲之間，轉換心理設定、讓人能從一項任務切換到另一項的能力是自然發展的。測試這點的一個好法子是，讓孩子們以各種方式給一副圖卡進行分類。假設那是一疊有著藍色或黃色的動物和甜點圖片。多數七歲的孩子可以輕易地根據「黃」和「藍」或「動物」和「甜點」將卡片分成兩堆，但如果要他們轉換心理設定，例如分成一堆藍色動物和另一堆黃色甜點，他們就有困難了。然而，到了十一歲，多數孩子會覺得這很容易。

這種被心理學家稱為「任務切換」（task switch）的能力對日常生活十分重要。例如，在工程師可以是「男性」或「女性」的想法之間切換，正是運用了一個非常相似的認知程序。事實上，許多研究告訴我們，擅長這項任務的孩子較不會對人抱持僵化的刻板印象，而且更善於培養閱讀等技能。因此，這是一個重要的低階認知程序，我們可以努力改進它，來讓我們的靈活性和心理功能得到更廣泛的發展。

測試自己的任務切換能力

像我這樣的認知心理學者會使用一套任務切換測試，這些測試基本上是之前提過的兒童分類任務的較複雜版本。簡單地說，任務切換能幫助我們量化從一種心理設定切換到另一種所造成的暫時中斷。

例如，根據以下規則觀看一系列粗體或普通字體的數字：

- 如果數字是粗體（例如**7**），你必須說出該數字是大於或小於5。
- 如果數字是普通字體（例如4），你必須說出數字是「奇數或偶數」。

用術語來說，一種心理設定是「大於或小於五」，而另一種是「奇數或偶數」。在兩者之間切換會破壞心理過程的順暢流動。例如，以下一連串數字——6 2 7 **4 8 3** 的答案涉及兩次「重複」——偶—偶—奇，這當中心理設定同樣都是「奇數或偶數」。接著從「奇數或偶數」切換到「大於或小於」，然後是最後兩次「重複」——大於—小於。之間的轉換涉及從一種心理設定——「奇數或偶數」——切換到另一種——「大於或小於5」。

你可以用下列的數字親自嘗試一下。

- 打開手機上的碼表，計算你從開始到結束花了多少時間。
- 記住，普通字體是「奇數／偶數」，粗體字是「大於／小於5」。

6	2	7	4	9	3
6	3	8	3	2	9
1	**3**	**4**	**8**	**6**	**6**
7	**4**	**8**	**2**	**3**	**9**

寫下你花的時間：________________

我第一次測試花了21.32秒。

接著，重設你的碼表，用下列數字進行相同的測試，同樣計算你從開始到結束所花的時間。規則相同——普通字體＝「奇／偶」，粗體＝「大於／小於5」：

6	2	**7**	**4**	9	3
6	**3**	8	3	2	**9**
1	3	**4**	**8**	6	6
7	**4**	**8**	**2**	3	**9**

寫下你花的時間：______________

我的時間是26.88秒，也就是說切換成本為5.56秒。第二組比較難，因為當中有好幾個切換考驗，而第一組數字中只有一個。你進行得如何？如果經常練習任務切換，久而久之就會有進步的。

你可以自己列出幾串數字，將一半隨機印成粗體字來做這個練習。如果經常這麼做，將會越來越熟練，它能給予你的大腦良好的認知彈性鍛鍊。然而，如同接下來要討論的，同等重要的是在更多日常任務中鍛鍊你的認知彈性，而不單是堅守一種技巧。

在日常生活中鍛鍊認知彈性

認知彈性是一個支持日常生活的靈活性與彈性的重要大腦程序。許多日常情況，例如休息後重新開始工作，在一段緊張工作之後開始休假，或者只是從一項活動轉換到另一項，都需要認知彈性才能順利進行。這裡有一個可以加強心理靈活性的這個基本面的簡單練習：

1. 列出三到四個任務，每個任務不超過十到十五分鐘。可以是寫一封簡短電郵、打電話、預訂劇院門票或整理辦公桌。
2. 為每項活動排定適當的時間，並決定你處理它們的順序。
3. 接著，用計時器設定分配好的時間，然後開始第一項任務。時間一到就停下。不准作假，無論你進行到哪裡，就算快完成了也一樣，鈴聲一響起，你就得停下來。

4. 短暫休息。接著重設計時器，開始第二項任務。

這個簡單的分配任務練習非常有用。首先，它可以讓你了解自己預估完成任務需要多少時間的能力。事實上，多數人都大大低估了簡單任務（例如發送電郵）實際花費的時間。其次，你還能學會更有效地從一項任務切換到另一項。如果經常練習，例如每週一次，將顯著增進你的認知彈性——擴展靈活性的基礎。

本練習的進階版本是，設定計時器，讓它間歇地不定時響起。在一些研究中，受測者必須在三十分鐘內完成三項任務。在這當中，計時器被設定為隨機地響六次。當鈴聲響起，人必須立即切換到下一個任務。這次沒有休息，因為你是在直接訓練你的認知彈性，而不是試圖提高效率。因此，你必須馬上停止正在做的事，並轉移到下一個任務。經常做這項練習將對你的大腦靈活性產生奇效。同時這也是把你一直在逃避的雜務一口氣處理完的好方法。

一心多用很傷神

雖然從一件事轉移到另一件事是提高認知彈性的一項絕佳練習，但它也是一個重要提醒，這樣的轉換需要精力和努力。請記住，多任務處理（multitasking）基本上只是神話——實際情況是，我們會迅速從一項任務切換到另一項。所以，如果可能的話，盡可能規劃好你的時間，以便一次專注於一件事。在不同任務之間來回切換非常耗費精力。這是我經常犯的毛病，在處理其他事情時停下來查看一封剛收到的電郵。這不但會破壞專注，也是低效率的時間運用方式。因此，寫本書時，我會關閉所有電郵提醒和其他通知。因此，如果你打算在一個上午或一天內完成多項任務，請嚴格規劃你的時間，盡可能一次只專注於一件事。良好的時間管理不僅有益身心健康，還能給予你最佳表現所需的精力和專注力。

一個好的起點是，決定你在一天當中需要做的幾件事。一旦做出這個決定，就要嚴格為每項任務分配一定的時間——而且要務實。這需要訓練。試著採用並經常遵循以下的步驟：

1. 每天一早計畫好當天要完成的二到三項任務。聽來或許不多，但一天完成三項以上的任務，加上轉換心理設定所需的成本，將會大為消磨你的效率和精力。任務應該要具體，不能籠統。因此，我不會只抱持「寫書」的含糊意圖，而是打算「完成第二章的特定片段」。重要的是定義任務的界限，如此一來當你著手去做的事沒能達成，你也不會覺得自己失敗了。
2. 一旦選定了二到三個任務，接著要按照重要性或緊迫性排出它們的先後處理順序。如果其中一項必須在當天完成，那麼根據可能需要的時間，它或許應該是你當天唯一的任務。再強調，要務實，別讓自己承受不必要的壓力。

3. 接著，訂出你完成每一項任務的合理時間範圍。一開始你可能會大大低估特定任務所需的時間。但是，透過練習，你會更懂得判斷完成一件事所需的時間。因為我們知道從一個活動切換到另一個需要精力，務必考慮這點，在任務之間休息至少十五分鐘。這段重要的空白將幫助你從第一個任務脫離出來。只有這樣，你才能真正將你的心理設定轉移到下一個任務並開始進行。如果你持續採用這原則，最終你不但會變得更有效率，也會在一天結束時保存更多精力。

安排休息時間、健身機會和查看電郵的時間也很重要。和大多數大學教授一樣，我每天總會收到約一百五十到兩百封電子郵件，而且常發現我的收件匣不堪負荷。解決這問題的唯一方法是早晚花個一小時處理其中的急件。對此我並沒有嚴格遵守——而每當不遵守時我總會吃苦頭，因為電子郵件輕易便會耗掉好幾小時，然後一天結束時我會陷入緊張沮喪，因為我沒完成原本想做的事。

如果你想上健身房、外出跑步或者做瑜伽，就安排一個時間——並堅持下去。你可能必須提早一小時起床，但重要的是要安排好時間，然後照著計畫嚴格執行。

電玩和旅行也會有助益

玩快打電子遊戲同樣需要在多個規則、動作、目標和對象之間快速轉換。雖然研究結果還有爭議，但有一些證據顯示，玩這類遊戲可以帶來更高的靈活性。

另一種提升認知彈性的方式是旅行。大腦在不同想法之間有效切換的功能，屬於一種有助於創造力的認知能力。有個研究小組調查了兩百七十家高級時裝公司的資深設計師的創造力。那些曾在好幾個國家生活過的設計師，總是比那些沒有這類經驗的設計師創造出更多的創意時裝系列。進一步調查顯示，國家的類型也很重要。生活在和自己有極大文化差異的地方，並不會帶來創造力的提升。對此的一種可能解釋是，和一種極為不同的文化互動會比較困難，尤其當語言不通時。

這顯示，真正對你的心理靈活性產生影響的是對新文化的沉浸和參與。跨文化體驗可以把你從你的文化泡泡中拉出來，讓你增強和不同背景的人們之間的連結感。如同馬克吐溫的評論，旅行是「成見、偏執和心胸狹隘的剋星」，它也是鍛鍊心理靈活性的絕佳教練。

尋找普通物品的獨特用途

「非常用途測驗」（Unusual Uses Test）是在有限時間內盡可能想出鋁罐、杯子或迴紋針之類的日常物品的多種用途。這可以顯示一個人的創造力和心思的流暢、靈敏度。你可以隨時練習，環顧房間、火車、飛機或任何你所在的地方，選一樣物品，看看你能為這樣東西想出多少用途。如果你有孩子，不妨和他們一起嘗試——會很有趣，而且經常進行的話，將有助於提升你們的認知彈性，增強全家人的創意和靈活性。

練習很重要——尤其當你焦慮時

大腦的一個基本特徵是發現任務切換的破壞性。繼續做同樣的事而不切換，總是比較輕鬆。這也是為什麼生產力專家常要我們在工作時避免在任務之間進行不必要的切換，以及被電郵之類的事打斷，因為它會分散我們的注意力，影響表現。雖然我們難免因為任務切換而受到干擾，但焦慮會導致我們糾結得更厲害。焦慮還會讓我們對切換中的任務類型更加敏感。

想像一下，你正全神貫注寫一份困難的報告，或解決一個複雜問題之類需要高度專注力的事。接著，你必須暫時把注意力轉移到簡單的瑣務上，像是預訂餐廳，然後回頭繼續工作。當我們不是太過焦慮，我們會發現從簡單和困難的任務中切換出來同樣困難。然而，隨著壓力水平的增加，我們發現，比起從簡單的任務轉移，將注意力從一項極為吸引人的任務上移開會困難得多。

把思維從焦慮相關的種種內在紛擾中拉出來，意味著比起不那麼焦慮時，我們必須付出更多努力才能達到同樣的表現水平。正因如此，你從表面上看不出高度焦慮和較為放鬆的人之間的表現有任何差異，但內在卻是另一回事。焦慮者的大腦正努力去達成同樣的表現水平。就像天鵝的腳在底下賣力划水，表面看來從容優雅，水底下卻是另一番光景。

焦慮會破壞人的認知彈性——以及生活樂趣

我自己對焦慮的研究顯示，焦慮會使我們的認知過程產生偏差，因而改變我們意識到的東西，扭曲我們體驗現實的方式。然而，真正的問題還不是這種扭曲現實、在每個角落看見潛在危險的傾向。在真正危險的情況下，這種在我們大腦深處運作並保護我們的認知機制是完全適當的。問題是，當我們經常感到焦慮，這種傾向會成為我們的預設選項，我們就會失去嘗試用不同方式看待事物的靈活性。焦慮實際上在我們腦子裡設下了路障。

焦慮會破壞我們解釋周遭事物的流暢度，使得原本該是動態、靈活的系統動彈不得。焦慮的大腦會導致整個人只關注哪裡可能出錯，而不是專注在解決問題的變通方法上，因而往往帶來極度僵化的重複性。我們真的停在了軌道上，不斷覺察到威脅打亂了我們思考、感受和行動的方式。

雖然許多研究告訴我們，焦慮的人切換任務時有困難，但缺少了長期追蹤受測者的研究。如同每個心理學家都會告訴你的，交互作用，或者關聯性，並不意味著因果關係。焦慮可能會導致認知僵化，就像反過來一樣容易。所謂縱向設計——長時間追蹤一群受測者，很有用，因為它可以讓我們弄清楚，某種程度的精神關節炎是否確實會導致人在處理生活中的波折起伏時發生問題。我想知道，在任務之間轉換的困難是否預示著壓力和煩惱會隨著時間而累積？

對於這個研究計畫的任務切換部分，我們決定使用情緒版本，而不是傳統上使用數字等中性內容的版本。考慮到我自己之前的發現，焦慮的人往往會陷入負面素材，很可能焦慮的人會特別難以從充滿情緒的訊息、尤其是負面的訊息轉移開來。這個新的切換任務的使用正是我們的新發現。難以擺脫負面素材的這種缺乏靈活性，確實會讓人傾向於用一種危害且無效的對應機制——消極的反芻思考，來回應壓力。

這給了我們自己進行研究所需的動力。我們決定對一組學生展開為期八週的測試。我們想知道，那些在認知上——尤其是對情緒性素材——缺乏彈性的人，是否會在回應日常紛擾時產生越來越多的憂慮（這是一種反覆、有害且通常是無效的處理壓力的方式）。

為了進一步了解人們如何處理日常壓力，我們使用了恰如其名的「煩擾與激勵」問卷。每位受測者每週上網填寫這份問卷，提供他們每週所經歷的煩擾（例如錯過巴士、上班遲到）和激勵（例如和朋友碰面、工作獲得讚賞或學生作文得到高分）次數的累積紀錄。在基線測試討論會中，我們讓受測者們觀看一個正向或負面的場景（例如，一對男女彼此深情注視或者一對男女爭吵），然後要求他們根據兩組不同的規則，盡速對影像進行分類（按下電腦上的按鈕）：

- 「情緒性」規則——場景的氣氛是正向或負面？
- 「數字」規則——場景中的人數是兩個，還是比兩個更多或更少？

重點是，當人不得不在一瞬間從基於「情緒」的決定轉換成基於「數字」的決定，將會產生轉換成本，並讓我們深入了解人對情緒性影像的認知彈性。我們預估，那些在脫離場景的負面情緒性面向時表現出高度僵化（inflexibility）的受測者，將會隨著時間表現出較多的焦慮和煩惱。比起那些較不容易焦慮的人，這些受測者的大腦會較難擺脫威脅。

整個實驗花了約六個月才完成，最終結果很有趣，且大大超乎我們的預期。雖然有一些跡象顯示，如同我們預估的，在擺脫負面場景時僵化的確有所增長，但實際上，最重大的僵化是出現在**朝著**正向情緒性場景轉換的時候。焦慮的人較不能順利轉換到正向場景。值得注意的是，這些較不靈活的人也較容易為他們所經歷的困擾而煩心，並且似乎沒有從他們在整整兩個月當中經歷的各種激勵得到多少好處。

一個簡單的情緒任務切換的實驗方法，似乎確實預測到了日常生活中的焦慮煩惱。

這是一個重要而新奇的發現，因為我們一開始測量了情緒任務切換，然後檢視接下來兩個月的情況。研究結果清楚明白告訴我們，認知僵化，至少在處理正向情境方面，會損害心理健康，而且伴隨著明顯較高程度的焦慮。

這種思維的僵化，或者精神關節炎，最終會導致高度刻板的反應方式，使人越來越脫離現實。實際情況是，他們的大腦會告訴他們，一切都越來越糟了；或者沒有任何事會好轉的；或者如果事情可能會出錯，那就一定會；或者三者同時存在。像這樣的認知偏差致使人往往忽略了身邊的好事，忘了發生過的正向事物。當焦慮升高，這些心理機制，雖然在逆境中有用，卻無法在情況好轉時關閉。相反地，它們只會變得缺乏彈性而僵化，破壞我們的心理活力。

無論我們是否焦慮，從一項任務轉換到另一項總是要付出些許代價的。然而，我們越是焦慮，我們就越容易深陷在一項任務當中。這可能會演變成，轉換的難度越大，任務也會變得越困難。因此，雖然我們應該盡量避免在任務之間切換，以提高工作效率，但當我們感到焦慮或緊張，情況會變得更加困難而混亂——除非我們多練習任務切換。

任務切換不是用來讓認知心理學者繼續他們的事業，或者用於兒童遊戲、解開趣味謎題的東西。它是一種基本大腦程序，支撐著我們在日常生活中做出的許多更為複雜微妙的決策。

認知彈性是靈活能力的來源

我們已經知道，從一種想法或心理設定轉換到另一種，是要付出代價的。無論我們是年輕人、中年或老年人，轉換的困難都會成為一種心理障礙，阻撓我們解決問題、做出正確決定甚至客觀地看待世界。雖然認知彈性是在我們的大腦中進行的，但它並沒有就此止步。它支撐著一種足以影響我們在世上的感受、思考和行為更廣泛的靈活性。如今這種廣義上的心理靈活性已成為蓬勃發展的研究領域，許多研究發現，這種能力是我們心理幸福感的基石。

重要的是要記住，我們的靈活能力植根於大腦中許多極深層的程序，這些程序能讓我們從一種思維或活動轉換到另一種。訓練這種認知彈性的唯一方法就是練習、練習、再練習。如同運動選手透過無止境的訓練來磨練技能，我們每個人都可以經常練習任務切換。它的好處十分深遠。正如我自己的研究所顯示的，它不僅能支撐我們的心理健康，還能讓我們享有一系列好處，安然度過這個複雜多變的世界。

本章摘要

- 改變的能力比堅持的能力更複雜，因此需要更多的努力。

- 認知彈性是支撐更廣泛靈活感的基本大腦程序。
- 為了增進更廣泛的靈活感，也就是心適力的第一支柱，我們首先必須培養認知彈性。
- 心理學家透過任務切換測試來衡量認知彈性，這些測試也可以做為訓練個人認知彈性的練習。
- 你的焦慮程度會影響你的大腦程序的靈活性；較少焦慮＝較多靈活性，較多焦慮＝較少靈活性。在處理高度情緒化的素材時尤其如此。
- 杜絕干擾的能力，無論對下決心轉換或者保持專注於一項任務同等重要。
- 認知彈性是可以練習並提升的。

Chapter

7 心理靈活性的ABCD

幾年前，我加入一個心理學者小組，該小組辦了一場旨在幫助在職警官應對壓力的研討會。一位名叫馬克的警官講了一個故事，那是他在職業生涯初期，完成訓練後不久面臨的一種情況。一天傍晚，警局接到電話，通報郊區某條街上發生了家庭紛爭，一個鄰居擔心事態擴大成暴力事件。結果發現，之前警方已接過好幾通來自同一條街的電話，要求處理一對夫妻高聲激烈爭吵的問題，他們通常會一直吵到男人踢開大門、暴衝出去才結束。

他們的爭吵雖然擾人，但從未導致人身暴力。假設他面對的同一對夫妻和以往的情節，馬克出發時估計，他將得盡可能冷靜地化解一場夫妻間的酒後爭執。他的訓練讓他有足夠能力應付這類情況。然而，到了現場，眼前的混亂局面讓馬克慌了手腳。不是他預期中的夫妻二人，而是好幾個民眾驚駭地站在那裡。在他們中間，一個血流不止的女人一動不動躺在地上。一旁有個臉上滿是瘀傷的男人正大量失血，另一名受傷嚴重的男人被兩名民眾攔住，仍在叫喊著。

馬克的最初反應是愣住。當大夥望著他，等著他收拾場面，他迅速回過神來。在確定叫了救護車之後，馬克開始試著弄清楚真相。他推測，原本是這對男女在爭吵，一個局外人捲了進來，他的介入導致三人起了激烈衝突。馬克的最初反應是「錯位預期」中常有的反應。當他試圖先消除他的強烈預期，他的大腦進入一種微靜止（micro-freeze）狀態。接著，馬克必須整理出他需要採取的行動，以便有效地應對新的情勢。此一經歷展現了心理靈活性的精髓。首先，我們必須脫離最初的預期——舊的心理設定，然後轉向新的設定，思考最適合新情勢的行動步驟。

對世事難料的理解十分重要，有助於我們在任何情況下都能有最佳表現。不妨把它看成是籌備一趟前往世界某個偏遠地區的探險。首先你會盡可能調查可能遇上的地形種類。翻越高山，也許是在雪中，或者穿過河流，橫越炎熱乾燥的沙漠，全都需要不同的技能和設備。人生也一樣。當我們在人生旅途中前進，我們必須學會如何應對父母、兄弟姐妹、友誼、青春期、衝突、婚姻、展開新工作、離職、疾病、摯友的死亡、伴隨著我們自己的衰老而來的變化以及許多別的挑戰。有時變化是可以預期的，有時它們卻不期然　加在我們身上。無論如何，接受、應對技術上所謂的「錯位預期」的開放態度是心理健康的基石。

靈活性——心適力的第一支柱，不僅關係到生活中的重大決策，它也能影響較小的決策和我們的日常活動。做為在愛爾蘭長大的孩子，我的暑假經常是在全國各地參加青少年網球巡迴賽。幾乎每週都有一場比賽在國內的某地舉行。我們是一群對彼此球風非常熟悉且勢均力敵的球員，很有趣而且競爭激烈。例如，杰瑪是我經常遭逢的對手，我們的比賽總是不相上下，但她經常打敗我。

我對杰瑪最大的一次勝利是在北都柏林錦標賽的八強決賽中，在我家鄉的薩頓草地網球俱樂部舉行。至今我仍記得那股在大型錦標賽中取得半決賽資格的難得興奮感。但它得來不易。杰瑪的過人之處，在於她的反手擊球比正手強得多。在第一盤中，我採取慣用的強攻她的正手側的策略。進行得並不順利，杰瑪幾乎沒有失誤，正手球一個接一個從我面前呼嘯而過。偶爾，球會飄向她的反手側，這時，很令人意外，她倒是犯了幾個不該犯的錯誤。

我注意到了嗎？沒有。

但當我剛輸掉第一盤，準備交換場地時，我的教練小聲要我改變戰術。「瞄準她的反手，」他說：「看來不太穩。」接下來幾局，我就是改不過來。避開杰瑪慣有的強大反手是深植在我腦裡的一種戰術，幾乎不可能調整。所幸，最後我強迫自己專注於杰瑪的反手，形勢開始逆轉。我贏了第二盤。然後我又贏了最終盤，取得了難得的半決賽資格。

在這場比賽的大部分時間裡，我對我的教練艾登輕易看出的東西視而不見。他在第一盤結束時的建議促使我做了一件早就該做的事：對眼前的情況做出反應，而不是依賴過去的比賽。我難以擺脫一種可靠有效的策略——我的欠缺心理靈活性，幾乎讓我挫敗。

如同上一章提到的，認知彈性是我們大腦內心理靈活性的基石，但我們的心理靈活性在日常生活中的行為、思考和感受方面有著更廣泛的作用。為了變得靈活，心理學研究向我們展示，我們需要注意四個關鍵元素。

靈活性的四元素

更廣泛的心理靈活性由四個動態過程組成，每一個都隨著時間而展開。我稱它們為靈活性的ABCD，它們反映了一個人是否能夠：

- 適應不斷變化的需求
- 平衡相互衝突的欲望與目標
- 改變或挑戰自己的觀點
- 發展你的心理勝任感

要變得靈活，我們必須培養靈活性的這四個要素，如下圖所示：

靈活性的 ABCD

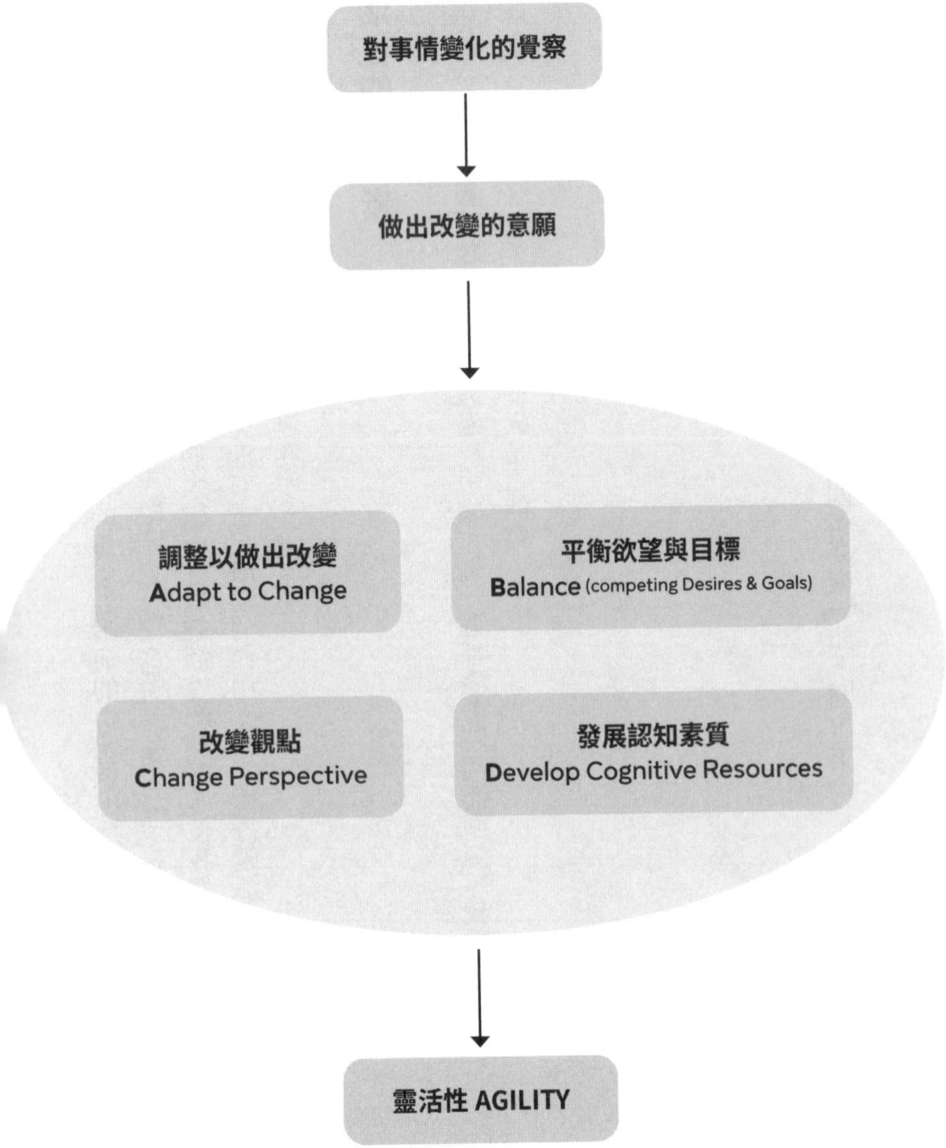
對事情變化的覺察
做出改變的意願
調整以做出改變
Adapt to Change
平衡欲望與目標
Balance (competing Desires & Goals)
改變觀點
Change Perspective
發展認知素質
Develop Cognitive Resources
靈活性 AGILITY

適應不斷變化的需求

經歷著高度變化和不確定性的一群人是軍人家庭。他們通常每兩年左右搬一次家，有時還得遷居國外。二〇一七年四月，我在維吉尼亞州阿靈頓的一場討論心理彈性和適應力的會議中擔任主講，在那裡遇到一群來自軍人配偶網（Army Wife Network）的女子。她們告訴我，在這種條件下撫養快樂、適應良好的孩子有多麼困難。軍人子女必須習慣於離開他們的朋友，學習適應新學校、新居住地。我問她們是如何調適的。她們的主要建議是，著重在不斷變化的積極意義，專注於機會而不是問題。在承認困難的同時，把重點放在旅行、結識新朋友和學習新語言的機會上，可以讓變化充滿興奮感。

這項建議呼應了大量的研究，這些研究顯示，積極進行適應變化的訓練可以帶來改變。適應力非常重要，因為環境一直在變化，不管對他人或我們自己都一樣。本書的前面章節已提到，儘管我們常抗拒變化，但我們的生物性和心理性都是為了幫助我們適應而設的。

適應性強不代表毫無計畫，憑著衝動行事。真正的適應力是從策略開始，接著是審慎的行動，同時又要能放手並繼續向前。在企業中，如果市場起了變化，你就得調適，否則會被淘汰。也就是說如果情況需要，你可能得打破舊有的習慣。

有個佛教典故，敘述一對老少僧侶在旅途中來到一條水流湍急的小溪的故事。在岸邊，一名年輕女子等在那兒，請求他們幫助她過河。兩位僧侶互看一眼，因為他們都曾發誓絕不碰觸女人。然後，年長僧侶毫不猶豫將女子抱起，渡過溪流，輕輕將她放在了小溪的對岸。兩個僧侶繼續他們的旅程，直到幾小時後，年輕僧侶再也忍不住。「我們都宣誓了絕不碰女人，你為何抱那女子呢？」他問。老僧侶回說：「我在幾小時前就把她放在河邊了，你為何還扛著她呢？」

我認為這是一個關於適應性的絕佳例子。它提醒我們，我們不應該沉湎於過去，以致影響了我們當下的生活。正如英國企業家理查．布蘭森（Richard Branson）所說：「每一個成功的例子都是一則不斷調適、修正和改變的故事。」他相信「一家原地踏步的公司很快就會被遺忘」。

如何提升你的適應力？

適應性是可以練習的。不時讓自己習慣於變化和新處境是其中一個重要環節。我不是期待你像軍人家庭那樣，每隔幾年就來一次大搬遷，但要找機會去嘗試新事物，藉此學習新技能。記住，適應不是你偶爾做一做的事，而是一種持續不斷的過程。以下幾種有助於適應性的習慣應該成為一種生活方式，而不是只在危機出現時才採用。

- **培養好奇的觀點**：多問自己一些關於眼前變化的問題。它是不是正向的？當中有些什麼機會？有些什麼缺點？可能會損失什麼？
- **確保你有一系列選項**：確保你有B計畫和C計畫，只有A計畫總是有風險的。
- **認真考慮別人的關切**：不要無視別人的各種顧慮，對之充耳不聞，尤其當你位居領導角色時。考慮指導那些看來有點執拗的人，想想如何幫他們變得更開放，更能適應。
- **多關照自己**：即使你適應力很強，別忘了改變總是要付出代價的，所以要確保自己身邊有良好的支持架構。如果你正經歷艱難的變化，請尋求朋友、可靠的同事、導師和其他人的支持。
- **經常讓自己接觸新情況**：這非常重要，要經常去做，而不光是面臨重大變化的時候。透過經常參加新活動，結識新朋友，順應情勢將成為一種習慣。
- **多樣化你的人生投資組合**（life portfolio）：換句話說，不要把所有雞蛋放在一個籃子裡。將你的時間和精力投入到各式各樣的活動、人生角色和經歷中，是提升適應力的基本要素。讓自己多方接觸各種生活體驗和社會角色可以增強自信。
- **讓自己置身非凡的人們當中**：科學研究顯示，看著和自己相似的人做不凡的事，會鼓勵我們認為自己也可以一試。因此，為了提高你的適應力，試著建立一個不光是包括技能和經歷，也包含能在各種情況下支持你的人的個人履歷。

在相互衝突的欲望與目標之間取得平衡

我們每個人都有許多相互矛盾的目標和我們想做的優先事項和要務。問題是我們的時間和精力有限——我們每天就只能完成這麼多。我們是把一天的精力和時間用在工作的精進上？還是用它來盡朋友之誼，或照顧某個親人？在現實中，我們不可能每天都包辦所有的事，我們必須能在目標和願望之間尋求平衡，並訂出它們的輕重緩急。

同樣地，儘管我們有多種角色，但我們是同一個人，我們生活的不同領域往往密切相關。這點在新冠肺炎疫情期間或許再明顯不過了，因為很多人在家裡工作，而沒有各自獨立的工作和家庭生活空間。許多研究顯示，工作中發生的事流入我們的家庭生活，就像家庭中的衝突或騷動也會溢出到我們的工作生活。

一個很好的例子是一個由西班牙和英國研究人員組成的團隊所做的研究，他們要求一百六十人在一整個工作週當中記錄家庭和工作中的衝突。不出所料，他們發現工作和家庭衝突之間存在著密切關係。如果你早上和配偶發生爭執，這天和同事發生衝突的次數就會增加。反之亦然：如果人在工作中和同事互動不良，往往會擴大成下班後和家人發生進一步衝突。這項研究和許多類似的研究提醒我們，我們必須注意從職場帶回家的情緒包袱。儘管向伴侶傾吐自己遇上的問題十分重要，但要意識到，由此產生的負面情緒具有高度傳染性。當然，好消息也有傳染性，所以帶一些正向事物回家是好的。

如何從工作轉移開來？

做到這點的一個方法是記住我們之前提到的「充實的空白」。設法在你的工作和家庭生活之間安排一段空白。這有助於你把工作中的問題拋下，帶著較輕鬆的心情回家（或者，如果你在家工作，可以幫助你切換「模式」）。搬到牛津之前，我是埃塞克斯大學龐大而忙碌的心理學系的主任。面對超過一百名的職員和八百名學生，這個領導角色的需求遠非我的時間和精力所能負荷。我常發現自己晚上呆坐家中，思索、擔憂著工作中出現的各種看似緊迫的問題。最後我找到一個從工作轉移開來、帶著較佳心情回家的方法。我不再直接從大學開車回家，而是沿著兩哩長的河邊小徑步行。無論颳風下雨，我總發現，走了約十分鐘後，我會開始注意到水面上的天鵝，樹上的鳥鳴，河流的氣味，漸漸地一天的憂慮消散了。

我很幸運有河邊小徑可用。總之要想辦法打破工作和家庭之間的心理聯繫，去做一些你真正喜歡的事。也許可以去健身房或游泳池，和朋友碰面喝咖啡，以便把工作日結束和家庭生活分隔開來。其他需要注意的事，也是我們都知道但往往不會去做的，就是在晚上遠離工作上的電郵。如果你還看電子郵件，想著第二天需要做什麼，你就很難擺脫工作。

有個從工作轉移開來的出人意料的方法，就是參與志工服務。儘管可能得花不少時間，但志工服務由於能結識許多新朋友，以及一種回饋社會的感覺，已被證明具有很強的修復作用。一項研究要求一百零五名德國員工寫兩週的日記，結果發現，那些花較多時間從事志工服務的員工，比較能從平日的工作相關活動中脫離出來，他們的心理健康也因此受益。

妥善管理時間以保持生活平衡

設法讓自己從工作中抽離開來是很好。然而真相是，我們當中的許多人被各種工作需求淹沒，因此重要的是要找到妥善管理時間的方法。弄清楚自己的主要人生目標也很有幫助。

我們都有各式各樣的計畫、目標和願望，以一貫的方式加以整合是很重要的。你可能有一個長期目標以及幾個短期目標，這些目標彼此間或許能、也或許不能相輔相成。凡此種種都會造成壓力和失衡，導致嚴重緊張和倦怠。

然而別忘了，我們確實可以在一定程度上控制自己運用時間的方式。時間是你最寶貴的資源，雖然很難逃脫社交方面的期待，但重要的是要學會善用時間，把時間花在有價值的活動上。

善用時間的一個方法是經常跳脫自己舒適圈的界限。試著找到那個可以感覺受到挑戰和緊繃，但又不至於對任務感到難以招架的甜蜜點（sweet spot）。生命中最美好的時刻是當你的身心緊繃到極限——但又沒有超越極限。這種全神投注在一項具有挑戰性但有價值的任務中的狀態，在心理學上稱為心流（flow）狀態。這是指當你完全進入神馳狀態（in the zone），整個沉浸在當下從事的活動的喜悅中，較少意識到你自己和你的問題，將你的技能發揮到極致並迎向成長、發展。

有三個關鍵問題，可以幫助你決定該如何運用時間：

- 什麼（What）是你最重要的目標？這些目標通常和事業相關。在日記中寫下其中幾項，並盡可能描述得具體可行。你想做什麼樣的工作？你想賺多少錢？你想存多少錢？你的目標之間是否存在矛盾？
- 為什麼（Why）要追求這些目標？許多人陷在過勞的日常中，忘了自己的初衷。所以，退一步問自己，為何我要達成這些目標？這問題往往會帶出許多圍繞著你的家庭和幸福的個人目標上。也許你想多賺、多存一些錢來養家，或者讓自己將來過得優閒自在些。當然，這些都是提升幸福安康的最重要目標，因此應該優先考慮。
- 你要如何（How）實現目標？一旦弄清楚自己的事業相關目標和個人目標，你需要制定一個達成目標的清晰進度表。設定目標時，重要的是把它拆解成幾個可控管、可測量的部分。這會讓你的目標顯得更容易達成。同樣重要的是，要投入你的目標，不妨把它告訴別人，因為眾所周知，一旦我們和他人分享目標，將更可能堅持到底。

巴西有一則有趣的民間傳說，敘述一個快樂漁夫的故事。每天清晨，他都乘著小船出去捕魚，以供家人食用。然後他回家和孩子們一起玩，和妻子一起午睡，晚上到小鎮廣場和朋友聚會。某天，一名商人過來建議他買艘大一些的船。「你會捕到更多魚，」他提議，「也許最終擁有一支船隊，雇用更多人手，成為有錢人。」「那然後呢？」漁夫問。「哎，等你賺夠了錢，你就有時間陪孩子們玩，多和你的妻子、朋友們在一起啦。」漁夫很困惑。「這不就是我現在的生活嗎？」

我們很容易像這位富商那樣，忽略了why。許多人本能地對自己運用時間的均衡性感到不滿，並且常忘了自己的首要目標。因此一個很有用的做法是退一步，反思一下你實際上是如何利用現有的時間。問自己，考慮到你的首要目標，這是不是一種有效的分配，理想的分配應該是如何。一項研究提供了答案。在該研究中，一群學生被要求分配他們每天想花在特定活動上的理想小時數，目標是在各種生活領域以及興趣之間取得更好的平衡。他們鼓勵每個學生朝著這個目標前進，並寫下一些有助於此的特定目標。四週後，那些遵照這個進程去做的學生報告說，他們的生活有了更多平衡與快樂。

你如何運用時間？

你實際上運用時間的方式以及你想要的時間使用方式之間有很大的差異。完美的融合取決於你的價值觀和目標，當然，它也會隨著人的一生而改變。如果你剛展開你的工作生涯，而且雄心勃勃，那麼花較多時間在工作上、相對較少的時間在家人朋友身上，基本上是合理的。然而，當你有了小孩，這時你可能會想花較多時間陪伴家人，而不是待在辦公室。考慮到當下的種種需求時，重要的是盡可能優先考慮那些能讓你更接近自己最珍視的目標的事項。一個好的起步是，弄清楚平常你是如何使用一天的時間。

下表列出了十個生活領域。你有整整二十四小時可以分配在這十個領域當中。要完成這項任務，首先是思考你目前是如何使用時間的。接著，訂出你理想的時間安排方式。

如何騰出更多時間？

如果你和多數人一樣，你會發現在你理想的時間分配，以及你實際安排時間的方式之間存有差距。例如，你實際花在工作上的時間可能多過你希望花在上頭的時間。在精神健康基金會（Mental Health Foundation）二〇一四年在英國進行的一項調查中，高達58％的員工表示會在長時間工作時感到煩躁，34％會焦慮，27％會沮喪。我們都有許多迴避不了的壓力和承諾，但藉由謹慎的自我管理，有一些生活小訣竅，可以幫助你爭

活動	你目前 花多少時間？	你希望 花多少時間？
睡覺		
某種類型的進修		
你的主要職業／工作		
家務（例如料理三餐、清掃、維修、購物等）		
志工服務（從事社區工作或服務）		
休閒（運動、看電視、玩電玩等）		
通勤（上下班或上下學所花的時間）		
人際關係（和朋友、伴侶或家人共處的時間）		
照顧自己（健身、飲食、梳洗等）		
精神生活（參與宗教或精神活動、冥想）		
其他（增加另一項活動）		
其他（增加另一項活動）		
總時數	**24**	**24**

取更多時間，投入你所看重的目標。

首先，試試以下的方法：

1. **學會說不**：這或許是最令人為難的事情之一吧。如同許多學者，尤其是女性學者，我經常對以下的請求說「好」：審查文章，指導學生，擔任系上的行政職務，審查研究資助組織的許可申請，發表演講，提供專家建議，參加面試小組，加入大學委員會……列舉不完。如果你從不說「不」，人們會繼續提出要求，你很快就會被和你的核心工作無關的事壓得喘不過氣，而這無疑會導致挫折、壓力和不滿。所以，要學會說「不」。沒必要擺出無禮態度，也不必為你的理由辯解，只要說你沒空。當有人要求你做什麼，別不假思索地立刻回答。就說你會再回覆他們，給自己一些空間思考，這個請求會不會太花時間，是否符合你的目標。除非有很好的理由，否則婉拒請求。

2. **聰明工作而非長時間工作**：合理安排時間可以提高生產率。因此，要避免一心多用——現在你已知道任務切換是多麼消耗精力了。你或許會覺得自己完成了一大堆工作，但那只是錯覺。按照之前的建議，每天最多專注於兩、三項任務，並嚴格維護自己的時間。我輔導過的一名主管了解到，他有大量時間被一個老是想找他談話的同事占用了。解決辦法是，每週兩次和這人會面，喝十五分鐘咖啡，在這段時間內專心面對他，並且禮貌而堅定地說，在他們下次見面之前，他必須專心做其他事。這並不容易，但如果你明白訂出自己的界限和時間管理，人們會尊重的。

3. **遠離電子郵件**：關閉你的工作電郵，不光在晚上，白天也要在上午和下午各安排一個時段來處理信件，同時關閉提醒通知。相信我，這將為你騰出大量時間。

4. **在一天結束時停止工作**：無論你是在家或者在辦公室工作，確保你的工作日有個明確的結束。盡可能清楚明白，例如關閉電腦，清潔設備以便第二天使用，或者列出一張次日優先處理事項清單。然後，把工作放下，最好在這一刻和家庭生活之間插入一段空白——如同之前談過的，一段充實的空白。

5. **節制完美主義**：對許多人來說，追求完美會破壞生產力和幸福感。雖然我們都想把工作做好，但有時我們不得不接受，以我們現有的時間和精力，有些事已做得夠好了。我曾和一位記者共同參加一個活動，有人問他如何應對那些聲稱他們可以把他的專欄寫得更好的人。「或許可以吧，」他說：「但他們能每週、每月、每年這麼寫下去嗎？」

改變、挑戰你的視角

我在巴黎最喜歡的地方是奧賽博物館。它收藏了大量印象派傑作，儘管在無數明信片上被複製，但絲毫無損於它們的魅力。在所有畫作中，我最喜歡莫內的〈亞爾嘉杜的帆影〉（*Régates à Argenteuil*）。當你走進陳列著這幅非凡圖像的房間，塞納河上的閃耀陽光吸引你的目光，水面彷彿起了漣漪。然而，當你走近這幅畫，色彩的筆觸顯得相當破碎，光在水面躍動的印象也消失了。只有當你往後站，那神奇的景象才會再次浮現。

這個簡單的經驗告訴我們，我們對事物的觀點是多麼容易受到我們所處位置的影響。對於我們在個人和事業中所做的各種複雜決策，也是如此。有時候，改變我們對事情的視角，即使只是一點改變，都能開啟一種新印象，讓我們敞開心胸迎接不同的可能性。

扭轉談判

一九六二年十月，蘇聯總理赫魯雪夫發了兩封信給美國總統約翰・甘迺迪。信是在古巴導彈危機的最高峰寫的，兩封信的語氣南轅北轍：第一封相當和緩，第二封則堅持蘇聯不會撤除他們在古巴的核子武器，除非美國撤回他們部署在土耳其的核武。在橢圓形辦公室和顧問們商議後，甘迺迪總統總結說，只有兩種選擇：要麼從土耳其撤走美國武器，來換取俄羅斯撤回核武，要麼在數天內對蘇聯發動核武攻擊。然而，出乎眾人意料，通常在這類討論中保持緘默的高級顧問，人稱「湯米」的盧埃林・湯普森（Llewellyn Thompson）高聲說道，「總統先生，我不贊成。」相反地，他建議總統針對較有和解意味的第一封信做出回應。他相信，如果蘇聯博得「拯救古巴」的美名，那麼赫魯雪夫有可能被勸說撤回武器。

湯普森當然了解蘇聯人的心態——他曾擔任美國駐蘇聯大使，並在莫斯科任職期間與赫魯雪夫建立了獨特的私人情誼。美國國務卿羅斯克（Dean Rusk）形容湯普森是「和咱們一國的俄羅斯人」。於是，在湯普森的建議下，甘迺迪表示，只要蘇聯撤回武器，美國將保證永不入侵古巴。赫魯雪夫讓步了。這項協定讓他得以宣布，他解救了古巴免於遭到攻擊，因而達成了他鞏固權力和挽回顏面的核心利益。

湯普森能夠從赫魯雪夫的角度看待局勢，這給了美國絕佳的談判優勢，且有助於挽救當下的世界。這種變換視角以順應情勢的能力是靈活性四個基本要素中的C。對自己對手的根本利益有深入的認識和理解十分重要，能讓你靈活地挑戰、改變自己的觀點，幫助你在企業、政治或個人談判中取得成功。

換位思考 vs 同理心

從別人的角度看待世界的能力，就是所謂的換位思考（perspective taking）。它常被人拿來和同理心（empathy）混為一談，但它們是兩回事。同理心是真正感受到某人的痛苦或情感反應。相較下，換位思考是從自身利益的角度去看待他人立場的能力。這種能力讓你能夠超越自己偏差的參照架構，在競爭環境下形成較平衡的觀點。

當然，同理心很重要，而且往往是我們學習培養換位思考的入口。我毫不懷疑湯米．湯普森對赫魯雪夫很有同理心，這使他能夠從俄羅斯人的角度看待問題。但湯普森並沒有讓同理心影響他的判斷。太多的同理心會導致以犧牲自身利益為代價的對他人的優惠待遇，並可能不利於在競爭性談判中達成協議。因此，就成功的談判技巧而言，換位思考比同理心更加重要。

你能不能從別人的視角看事情？

要了解你在換位思考和同理心刻度盤上的位置，請回答以下問題。針對每一項，仔細思考你是否符合，然後在以下級數中選擇適當的分數：

我絕不會這樣——0分
我偶爾會這樣——1分
我有時候會這樣——2分
我經常這樣——3分
我幾乎一直都是這樣——4分

1. 當某人做事不順，我並不會覺得困擾。
2. 我知道自己的一生十分幸運，我很同情那些運氣不佳的人。
3. 我會盡量把每個人的觀點都考慮進去才做出決定。
4. 當別人遇上問題，我不會過度擔心。
5. 為了充分理解朋友的感受，我會試著想像他們如何看待事物。
6. 我常會保護弱勢者。
7. 我很難從別人的角度看事情。
8. 當我相信自己是對的，我會認為聽別人說話只是浪費時間。
9. 當有人受到偏見的傷害，我會非常同情。
10. 我是一個非常溫柔、富有同情心的人。
11. 我常對自己的所聞所見感到難以承受、情緒激動。
12. 我總是試著看清一件爭端的每個面向。
13. 當我不得不給予某人負面意見或評語，我會在說出口之前想像他們的感受。
14. 當有人得罪了我，我會試著從他們的觀點來看待情況。

計算你的得分：

每個問題的分數為0到4分。首先是把第1、4、7和8題的分數**倒轉**過來。因此，如果你得了4分，就用0分計算，如果得3分，就用1分計算，依此類推，如下：

4＝0
3＝1
2＝2
1＝3
0＝4

現在把問題分成兩組，每組七題。

換位思考：把你在第1、3、6、8、11、13、14題的得分相加。

同理心：把你在第2、4、5、7、9、10、12題的得分相加。

因此你在兩個範疇都將得到0到28之間的分數：

得分在0到9之間＝低

得分在10到18之間＝中等
得分在19到28之間＝高

多數人在這兩個範圍的得分都是中等，但有意思的是看看你在同理心和換位思考的得分是否有差異。如果你在兩方面的分數都很低，這為你指出了你可能需要去努力的方向。分數本身無所謂好壞，多半還得考慮事件的背景。但是，知道你在這兩個方面的得分是高或低，可以提醒你在特定情況下的潛在危險。例如，如果你的同理心得分很高，那麼你可能需要在面對艱難談判時把它壓低，致力於提高你的換位思考刻度。另一方面，如果某位朋友剛剛遭逢噩耗，你可能需要展現你的同理心。

改變你的視角

改變你的視角，用不同角度看待事物，可以改變你對問題和決策的思考方式。我們之所以常在生活中陷入困境，是因為我們往往從單一的角度來評估自己的處境。如果你養成從不同角度看問題的習慣，將真正幫助你在思考和解決問題時變得更加靈活。這將讓你創造出一個可供思考新想法和可能性的空間。試試以下的技巧來幫助自己轉換視角：

1. **從不同角度設想一個問題**：想想你目前面臨的問題，也許是工作或個人生活中必須做出的一個重要決定，試著想出四個解決問題的替代方案。假設你剛展開一份新工作，並很快發現它不如你的預期。與其抱怨，氣憤自己的決定，不如問自己，眼前的情況有什麼好處？有什麼意想不到的優勢？能不能對這個職位做些變動，好讓它適合你？有沒有談判空間？你能不能適應這個職位的優點？

2. **有時要改變的只是問題本身**：你的提問方式決定了你尋找答案的方向。因此，與其問「我如何才能避免過勞和壓力？」不如問自己——「我如何找到更多休閒時間？」

3. **培養樂觀態度**：我們天生的樂觀傾向非常值得利用。你或許會覺得意外，多數人對自己的人生充滿了樂觀。例如，即使在新冠肺炎疫情期間，美國有一項研究發現，人們仍樂觀地認為自己不會感染病毒，同時對別人染疫的可能性持悲觀態度。記住，樂觀不見得不切實際。那些在我所謂的「樂觀現實主義」中達到良好平衡的人透過玫瑰色的眼鏡看待未來，同時又了解一路上將有許多挫折與失敗。樂觀者不會忽視生活中的壓力，他們只是以更有成效的方式去面對逆境。出現問題時，樂觀者不會自怨自艾，把它看成天大的事，而會設法從挫敗中學習。所有人都能轉換視角，變得更加樂觀。試著在困難境遇中尋找優勢，讓自己處在正向而非負面的素材和人當中。我們都知道，負面情緒往往透過社群媒體傳播，所以，可能的話請避開。當然，完全迴避新聞是不明智的，但要盡量節制沒完沒了滑手機看負面新聞（doom scrolling）的時間，因為那可能會損及你的幸福感。另外，想想那些你最常在一起的人。他們能激勵你，或者消耗你的活力？和擁有正向能量的人連結可以培養你本身的樂觀精神。

4. **練習正念**：找到能打破某些思維循環、進入當下的方法，會有助於從不同角度看待事物。定期——至少每天一次，試著讓你的注意力集中在當下。可以專注於呼吸片刻，或者真正察覺某種食物的味道和氣味，或者傾聽周遭的動靜。讓這類練習成為一種習慣，因為它們也是激發靈活性的好方法。

5. **閱讀小說**：讀小說也是變換視角的好法子。閱讀讓你有機會參與許多不同的人生。透過和角色產生共鳴，沉浸在他們的世界中，你可以身歷其境般地過他們的人生。小說人物能讓我們想像處在他人立場的真實感受，而這能提高我們的同理心和換位思考的能力。這是有科學根據的。許多研究顯示，在內心產生一本小說的各種面向，例如人物及其環境可能是什麼樣子，足以帶來極大改變。這被稱為「思維的飛行模擬器」。就像飛行員不須離開地面便能增進飛行技能，人們也可以透過閱讀引人入勝的故事，來提高自己的換位思考技巧。

6. **問問別人會怎麼做**：你也可以試試一個簡單的遊戲，這是我設計用來想像別人會如何解決你的問題的一種有趣方式。將你崇拜的六個人的名字分配到1到6的數字——這些人可以是你認識的人、名人甚至虛構人物。然後擲骰子，在接下來一小時當中，逐一深入你擲出的數字所代表的人的腦袋裡，看看他們眼中的世界。換作哈利．波特會怎麼做？你最好的朋友會如何看待這問題？蜜雪兒．歐巴馬會如何處理這問題？經常練習，你會逐漸習慣從完全不同的角度看問題。

發展心理勝任感

二〇〇三年二月，超過四百人參加了大白鯊（Great White）搖滾樂團在羅德島 West Warwick 鎮 Station 夜店舉行的演唱會，開幕歌曲伴隨著壯觀的煙火表演。有好一陣子，沒人發現舞臺上方的易燃泡沫材料已著火，且火勢一發不可收拾，蔓延到了舞臺頂部和兩側。所有人都以為那是表演的一部分。

幾分鐘後，飛竄的火焰讓整個大廳籠罩在濃烈的黑煙中。夜店擠滿了人，該場地和樂團經理被判犯下多項罪行。此外，人們在隨後的恐慌中的反應方式也讓我們學到一個重大教訓，也就是我們的心理處理過程非常重要，特別是當我們處於壓力下時。好幾百人爭相從夜店的前門——也是他們進來的入口——逃離大火，這是要命的錯誤。遺憾的是，另外三個入口是完全暢通的，但多數人在驚慌中根本沒想到要轉身。人們在悲慘的錯誤中悶著頭往前推進，跟隨著人潮——這是我們的天性，而不是尋求最佳出路。隨後發生的踩踏事件導致通往大門的狹窄走道擠滿了人，很快堵塞了出口，造成多人傷亡。

不幸的是，像 Station 夜店火災這類令人難過的案例並不罕見。在飛機迫降或火災中喪生的人常這麼做，因為他們試圖從進入時使用的同一個入口逃生。

我們的心理勝任感可以歸結為心理學家所謂的「執行功能」的正常運作。這些是基本的認知生存技能，有助於我們評估、應對任何情況，設想萬一出現問題時該怎麼做——在本案例下就是找到逃生路線。

什麼是執行功能？

執行功能是心理勝任感的基礎，關係到人在壓力下的表現。多年來，我一直在研究如何在菁英運動員身上確認並訓練這些重大的心理要素。當然，它們對日常決策也非常重要，它們由三個關鍵要素組成：

- **抑制性控制**：這是一個全方位用語，包括抵抗憑著衝動或習慣行事，以及抑制不相關訊息，以便能專注於一些密切相關事物的能力。在火災的情況下，內在壓力是根據習慣或衝動採取行動，朝著進來時的入口移動，可是這種傾向必須加以抑制，以便想出是否有更好的解決方式。抑制性控制在運動中至關重要。例如，在足球賽的快速移動過程中，中場球員可能需要同時專注於許多事情——球的軌跡、前鋒的移動、後衛的移動、守門員的位置、可能的傳球空隙——同時還得抑制他對比賽其他一些較不相關的面向的注意力。這顯然是一種動態過程，因為相關的事時時刻刻都在變化。

- **工作記憶**：這是一種將訊息保存在腦中，同時持續更新訊息的能力。例如聽故事或追蹤不同的事件，都得依賴工作記憶。尤其重要的是它能幫助我們在壓力下做決策。回到足球賽的例子，這可能是指需要把教練的指令轉化為比賽策略、記取新訊息並加到比賽中，以及考慮替代策略的時刻——尤其是在壓力下。當然，工作記憶和抑制性控制通常是密切合作的；記憶元素負責更新最相關的訊息，抑制過程則會壓制不直接相關的訊息。
- **認知彈性**：我們在上一章中詳細討論了認知彈性，應該已清楚了解到，保持彈性對於適應新環境並充分利用突如其來的機會是至關重要的。認知彈性技能是以大腦為基礎的一些能促進靈活力的執行功能。舉個例，當你的球隊減少為十名球員，或者比賽進入延長賽，意外多出十分鐘賽程，或者對手少了一名球員，你會怎麼做？這是一種快速適應新情況的能力——和心理僵化相反，心理僵化是即使情況發生了變化，仍然盲目固守著比賽策略。

執行功能對心理靈活性至關重要。發展你的三種執行功能——抑制性控制、工作記憶和認知彈性，對於你規劃時間、凝聚注意力、節制衝動、記住自己一天當中必須做些什麼以及從容應付多項任務等，都是不可或缺的。當然，它們也是心適力第一支柱——**心理靈活性**的基石之一。除了適應（A）、平衡目標與計畫（B）、改變你的視角（C），D指的是發展你的執行功能，或者可以稱之為我們的心理勝任感。

這些基本的心理技能——執行功能，對於我們在一生中許多情況下的流暢功能運作影響重大。事實上，多項針對兒童的研究顯示，在預測孩子日後的成功時發現，擁有良好的執行功能技巧遠比一般智力或社經背景來得重要。

就像企業會投資一些基本的基礎設施，以便在需求改變時能夠快速回應，投資在心適力所需的心理基礎設施——你的執行功能，也是很值得的。你需要時間和精力來開發充分的心理素質——你的執行功能，以便增進你的心理靈活性。

預先規劃是支撐執行功能的一種方式。Station 夜店大火發生後，德州消防局建立了「安排出口對策」（Have an Exit Strategy）措施，鼓勵酒吧或俱樂部的人們安排至少兩條離開的路線，認識到最佳出口可能不是你進入建築物的同一條路徑。這也明白確認了我們不假思索行事的傾向。

如何發展你的執行功能？

前一章，我們討論了鍛鍊認知彈性的方法。我的研究小組也研究了能否利用簡單的電玩來改善工作記憶和抑制性控制。許多大腦訓練遊戲因為沒有達到宣傳水準而在媒體上得到惡評，這種慎重是有充分理由的。雖然經過大量練習，人在遊戲本身的表現通常會有很大提升——這並不令人意外，但多數人在其他方面似乎並沒有太多進展。在生活的其他方面並沒有出現我們心理學家所謂的「遠轉移」（far transfer）。

然而，工作記憶和抑制性控制是幫助我們應對複雜、緊張狀況的重要能力。執行功能越好，我們就越能隨時靈活應對任何狀況。一個好處是幫助我們控制不必要的干擾。因此，我們認為，透過改善工作記憶，我們應該能幫助人們擺脫憂慮緊張時反覆出現的負面紛擾。

我的研究團隊設計了一個意在改善記憶和抑制性控制的簡單電腦遊戲。這個遊戲包括一連串字母，在三乘三矩陣的各個位置逐一呈現。字母K可能會出現在螢幕的左上角幾秒鐘，接著B出現在左下角，接著是出現在右中位置的字母P，依此類推。玩家必須記住前一個字母的位置。因此，拿上面的例子來說——當你在左下角看見B，你必須指出之前K的位置。然後，當你看見P，你必須指出之前B的位置。一旦玩家變得熟練，遊戲難度便增加。現在你必須記住前一個字母之前的字母的位置，所以是前兩個字母。一旦你熟練了，它就會要求你記住三個字母。就這麼持續，直到玩家開始犯一堆錯誤。經過數小時練習，受測者通常最多可以處理之前的三到四個數字，一些工作記憶超強的人甚至能處理五個！

我們想知道，這樣的訓練能否幫助高度焦慮者處理他們的苦惱念頭？我們徵求了一大群自認是「高度焦慮者」的人，讓他們每天玩工作記憶遊戲約四十分鐘，持續至少八週。在家訓練幾週後，每個人都回到實驗室，看是否有任何改善。結果令人鼓舞。我們發現，在這些高度焦慮者身上，工作記憶的大幅改善和焦慮的較佳控制有關。雖然這些改善不足以改變人生，但那些改善了工作記憶的人同時也得以擺脫反覆的憂慮，變得稍稍靈活了點。

我們還利用電腦遊戲來解決衝動控制問題。在一項研究中，我們挑選了一些暴食受測者，以及一些沒有飲食模式控制問題的受測者。我們要求每個受測者做兩個動作中的一個，來回應不同的圖片。如果圖片帶有綠框，他們必須按下一個按鈕——這叫「開動」（go）回應，而如果圖片帶有紅框，他們必須忍住不回應，這叫「禁止」（no-go）考驗。關鍵在於，甜食和油膩食物——巧克力蛋糕、薯片等等的影像全都是「禁止」考驗。重點是訓練大腦忍著不接近誘人的食物，幫助暴食者控制自己的衝動。當健康沙拉或水果的影像出現，照例會伴隨鼓勵「開動」回應的綠框。如果暴食者連著幾週持續這麼做，他們不假思索吃不健康食物的習慣就會開始受到破壞，並逐漸學會在飲食習慣上發揮更大的控制力。

如何在日常生活中提升執行功能？

有許多日常練習可以增強這些心理技能。試試在冰箱裡放一樣誘人的食物——例如一塊巧克力，然後周遭擺滿較健康的食物。然後告訴自己，你可以在某一天或某個時間享用它。每次打開冰箱，你都能看見這樣食物，甚至可以拿起來聞一聞，然後把它放到一邊，挑一種較健康的食物。經常這樣做會增強你的心理控制技能，幫助你避免衝動行事。也許會有幾次挫折！但久而久之，你將學會更妥善地控制自己的衝動。參加體育活動、學習彈奏樂器或學習外語，也都可以直接瞄準你在危機中保持鎮定所需的若干重要心理素質。例如，荷蘭的一項研究針對一大群幼兒，從六歲開始進行兩年半的追蹤調查。其中兩組定期接受音樂課，一組上視覺藝術課，另一組不上藝術課程。相較於其他孩子，那些學習音樂的孩子在執行功能上有較大的進步。這項研究證實了從音樂教育擴及一般學業表現的微妙的「遠轉移」。

為了增強心適力的第一支柱，**靈活性**，必須將四個不同要素——ABCD，結合起來。分別鍛鍊也很好，但只有當這四個因素結合在一起，我們有了適應力、取得平衡、能夠改變自己的觀點，並為一切情況做好心理準備之時，我們才能真正變得靈活。

本章摘要

- 心理靈活性由四個關鍵元素（靈活性的ＡＢＣＤ）組成：適應不斷變化的需求，平衡相互衝突的欲望和目標，改變或挑戰你的視角，以及發展你的心理勝任感。
- 對適應新情況持開放態度至關重要。
- 設法讓生活保持平衡、確保你的時間安排符合你的首要目標，對於提升靈活性是必要的。
- 設法挑戰你的視角，對於開放心胸、為靈活性扎根十分重要。探求信念、閱讀小說只是幫助你從不同角度看待事物的兩種方式。
- 培養心理靈活性需要精力，因此，建立抑制性控制、工作記憶和認知彈性等心理素質，對於保持最佳狀態極為重要。

心適力第二支柱

自我覺察

Chapter

8 認識自己

古希臘諺語「認識你自己」（know thyself）是銘刻在德爾菲阿波羅神廟一根石柱上的第一句箴言（另外兩句是「凡事不過度」和「妄立誓則禍近」）。它是和群山一樣古老的智慧——或起碼可以追溯到神廟建造的西元前四世紀。

它是如此重要而崇高，以致從古至今幾乎每一位偉大哲學家都曾論及它的意義。在柏拉圖的〈斐德羅篇〉（*Phaedrus*）中，蘇格拉底用「know thyself」一語來解釋，他為何不願理性討論神話或其他智性產物。「我還無法像德爾菲銘文所說的那樣，認識自己；所以，當我連這都還不知道，去研究那些不相關的事物，在我看來十分可笑。」

柯勒律治在他的詩〈自知〉（*Self Knowledge*）中稱這句箴言是「至高無上的古老諺語！」班傑明．富蘭克林在他的《窮理查年鑑》（*Poor Richard's Almanack*）中承認它的艱難：「有三樣東西非常堅硬（hard）：鋼鐵、鑽石和自知。」

事實上，這句格言的出現甚至早於古希臘。中國哲學家、將軍孫子在他寫於西元前五世紀的經典軍事著作《孫子兵法》中有一句名言：「知彼知己，百戰不殆」，大致是說「了解敵人又了解自己，每次作戰方能避免危險。」

自我覺察意謂著能察覺自己的想法、情緒和行為，以及它們可能對他人產生的影響。當我們高度自我覺察，也較能反思如何才能做得更好，以及我們可能需要改正行為的哪些方面。意思是，我們越是自我覺察，就越是靈活。這也是為什麼自我覺察是心適力的第二支柱；因為唯有了解自己的價值觀、目標和能力，我們才能真正靈活地應對任何情況。這麼一來，心適力的第二支柱——**自我覺察**，或了解自己，就大大強化了第一支柱，**靈活性**。

然而，確切地說，我們該如何了解自己？這真的像班傑明．富蘭克林憂心的那麼困難？

所幸，現代科學可以為這兩個問題提供答案——而且能為兩方面帶來好處。我們可以透過熟悉、密切關注自己的身體內部狀態，在生理上「了解自己」。我們也可以透過對自己獨特的性格類型的精確評估，來從心理上了解自己。我們的性格反映了我們在不同情況下思考、感受和行事的根本習性。不同於暫時的情緒狀態，性格特徵往往在時間和環境的變遷中保持一致。

我是哪一型？

讓我從性格談起吧。我丈夫的父親是一名風趣討喜的倫敦股市經紀人，有點像英國長壽電視情境喜劇《只有傻瓜和馬》（*Only Fools and Horses*）主角Del Boy。他常想出各式各樣的滑稽俗語，但有一句特別令我印象深刻：「從性格看人，八九不離十！」當我們初次見到一個人，往往會對他的性格特徵產生大概的印象。他們是否外向？他看來是否開明？他是否為人謹慎？認為每個人都有幾項持久性格特色的想法在歷史上相當常見，而如果社群媒體小測驗可以做為依據的話，許多人都對這個問題極感興趣：我是哪一型？其實透過這個問題，我們真正問的是，「我是什麼性格？」

雖然有很多種方式可以思考性格，但人們普遍認為，它指的是可以讓我們了解某人在各種環境下可能會有什麼樣的感受、思考和行為的個人特徵。想想你認識的一些人。他們遇上小車禍時會有什麼反應？他們如果失業了會有什麼反應？他們如果中了樂透會怎麼做？我敢說你一定可以根據他們的性格做出相當好的猜測。當然，我們總有看走眼的時候，但一般來說，人的行為方式相當一致。我們的大腦渴求這種對他人的理解，因為它讓我們清楚知道朋友、同事或陌生人在各種情況下可能會有什麼反應。這種理解被稱作「陌生人心理」（psychology of the stranger），它指的是對一個人，甚至你自己，在性格特徵層面上的理解。之所以叫作「陌生人」心理，是因為性格特徵不一定會告訴我們一個人的核心信念和價值。如同我們將在下一章探索的，它主要是告訴我們關於想法、感覺和行為習慣的一致性。

如何衡量人的性格？

那麼，捕捉性格獨特性的最佳方式是什麼？對重要人格面向的辨識在心理學上有著悠久歷史，許多人嘗試將人分為不同「類型」（type），其中最著名的是邁爾斯－布里格斯性格分類指標（Myers-Briggs Type Indicator, MBTI）。許多人力顧問公司根據MBTI測驗將人分成不同「類型」，賺取了數百萬美元，《財星》（*Fortune*）雜誌全球五百大企業更有高達八成使用這個測驗，將人才分配到合適的工作崗位。這項測驗試圖幫助人們根據四種「類型」來理解自己的性格傾向，這四種「類型」是：內向或外向型（Introvert vs Extravert）、直覺或感官型（Intuitive vs Sensory）、思考或感覺型（Thinking vs Feeling）、判斷或感知型（Judging vs Perceiving）。

許多人不了解，MBTI測驗是七十多年前由教師凱瑟琳・布里格斯（Katherine Briggs）和她的女兒、小說家伊莎貝爾・布里格斯・邁爾斯（Isabel Briggs Myers）聯手發展出來的，兩人都沒接受過正規心理學訓練——當時心理學尚未成為一門經驗科學。這項測驗有很多問題，心理學者對它的使用通常持高度懷疑態度。事實上，有個心理學家常在社群媒體上分享的迷因（meme），它的標題正是「MBTI測驗是建立LinkedIn個人檔案者的占星術」。首先，如果你在不同時間進行這個測驗，很可能會得到不同的結果，因此我們不認為它是對永久性格特徵的可靠評估。但更大的問題是，這項測驗試圖將人們區分為非黑即白的類別，例如「思考型或感覺型」，而現實情況是，我們每個人在各個方面都有程度不等的表現。透過這種方式將人們分類，我們實際上是把彼此較相似，而不是較不同的人分隔開來。然而，大家喜歡參加這項測驗，找到自己的「類型」，也許因為這是自我探索的不錯起點，儘管心理學者認為它沒多少價值。

性格特徵各有不同

近幾十年科學研究得出的最新共識是，應該把人類的性格看成一個光譜，而不是分成不同類型。我們發現，有五個廣大面向或「特徵」（常被稱為「五大」，Big Five）可以涵蓋全部的人類性格。這些層面的每一個都可以放在光譜上測量它的高低：對體驗的開放度（Openness to experience）、責任心（Conscientiousness）、外向性（Extraversion）、友善度（Agreeableness）和神經質（Neuroticism）。（首字母縮寫OCEAN會有助於加深印象。）

要想了解你在這些核心要素或性格特徵上的表現如何，試試回答以下的問題。針對每個問題，用下面的級數給自己打一個從1到7的分數：

1＝非常不同意
2＝相當不同意
3＝有點不同意
4＝既不同意也不反對
5＝有點同意
6＝相當同意
7＝非常同意

我認為自己：

1. 外向、熱情
2. 愛批評、好爭論
3. 可靠、自律
4. 焦慮、容易煩躁
5. 樂於接受新體驗，複雜
6. 內斂、安靜

7. 富同情心、熱情

8. 雜亂無章、粗心大意

9. 冷靜、情緒穩定

10. 傳統、缺乏創意

計算你的得分：

每個問題都會得到1到7分。首先，將第2、6、8、9、10題的得分反轉過來。舉例，如果你得到7分，就用1分計算，如果得6分，就以2分計算，依此類推，如下所示：

7＝1
6＝2
5＝3
4＝4
3＝5
2＝6
1＝7

然後算出你在每個面向的得分：

對體驗的開放度：將第5、10題得分相加

責任心：將第3、8題得分相加

外向性：將第1、6題得分相加

友善度：將第2、7題得分相加

神經質：將第4、9題得分相加

針對每一種特徵，你的得分應該在2到14之間。各個特徵的總體評估如下：

得分在2到6之間＝低

得分在7到10之間＝中等

得分在11到14之間＝高

這些類別標記已相當清楚了。例如，你**對體驗的開放度**得分是指你的精神生活和經歷的深度和複雜性，常反映出你嘗試新事物、探索新地方和新想法的意願。**責任心**反映了你勤奮努力的傾向，以及把事情做好的願望。這項特徵和你堅忍、持續不懈的程度密

切相關。**外向性**反映了你有多麼樂於社交和開朗。如果你性格內向——得分處於光譜的低端，很可能你主要是在獨處中為自己充電，而不是從他人身上補充能量。**友善度**是指你關心自己「親切友好」、不冒犯別人的程度；而**神經質**是指你易於焦躁、擔憂、自卑和抑鬱的程度。

了解性格只是知道一種可能性和傾向，而不是非黑即白的必然性。雖然你的性格特徵無法像你的生活經歷那樣提供豐富的背景故事，但這種程度的理解在尋求自我覺察的深化方面仍然相當重要。了解你的典型特徵——或者我喜歡稱為性格「作風」（style）的東西，會如何影響你在不同情況下的反應，這點是很有用的。例如，如果你性格內向，在外向性方面得分極低，那麼你在高度刺激的環境中就不太可能感到自在。比起喧鬧的聚會，你會從獨處或者和小群友人的交際中——也許是密友聚餐，獲得較多活力。

就心適力來說，最重要的一項性格特徵是對體驗的開放度。如果你在體驗開放度方面得分很低，你很可能較喜歡按表操課，對不確定性格外感到不自在。堅守著自己珍視的信念會給你帶來莫大安慰，正因如此，你可能會極力抗拒改變——甚至有得到精神關節炎的風險。如果這很像你，你可以採取一些小步驟，好變得更加開放。例如，也許你可以從質疑權威人士開始。與其總是接受現狀，不如問自己，是否有其他的做事方式或思考方式。我知道這並不容易，但跨出一小步總會有幫助的。去嘗試，並且對體驗新感覺和想法越來越覺得興奮。把別人當成角色楷模並試著效仿他們——至少在很小程度上，也會有幫助。比較開放的人大都興趣廣泛，適應力通常也極強，求知慾旺盛，且往往很容易感到乏味。他們常常內省，對探索自己的內在和外在世界很感興趣，往往極富創造力，對不確定性很感自在，能以相當不落俗套的方式行事。要記住，性格特徵無所謂「對」或「錯」，但你越是開放，也就越容易適應變化。

然而，重要的是要記住，這些特質是可以修正和改變的——它們並非一成不變。雖然我們都有強烈的偏好，這可以從我們的性格特徵看出，但我們可以學著因應場合的需要而改變自己的基本偏好。例如，我是天生內向的人，但我學會了在公開演講或在典禮中演說時表現得相當外向。

知性謙遜

對體驗的開放度得分相對地高，意謂著你喜歡追尋新體驗。開放度的一個常被遺忘的面向是，能夠接受自己的信念和觀點可能是錯的，同時願意承認改變主意有時才是正確的做法。這種願意重新考慮自身觀點的心態被稱為「知性謙遜」（intellectual humility），而目前我們才剛開始意識到這種傾向對人的心理健康所起的重要作用。研究證實，那些在知性謙遜方面得分較高的人確實較願意接受他人的觀點，也較願意在任何議題上考慮多種可能性。這當然是靈活性的關鍵。多數人往往高估自己在某個領域的能力或知識。例如，二〇一八年的一項調查發現，近八成的人認為自己的思想比大部分人開明，也許更令人憂心的是，只有不到5%的人認為自己「思想狹隘」。

心理學家把知性謙遜分解為三個關鍵要素：

- 尊重他人的觀點。
- 能夠將你的自我和才智區分開來。
- 如果新證據顯示你錯了，會願意修改自己的觀點。

那些願意承認自己可能錯了的人，通常比那些拒絕接受自己可能有錯的人更快樂、更健康。考慮到這種心智習慣（habit of mind）相當具有一貫性，有人建議將謙遜列為性格特徵的第六個面向，讓它成為六大（Big Six），而非五大。

知性謙遜可以培養——只是很難！

知性謙遜不會自然而然產生，因為許多心理機制，例如認知的僵化，可能會妨礙我們培養謙虛的思維方式。即使是訓練有素、習慣不斷質疑一切的科學家，也往往極不情願改變自己的信念，放棄他們多年研究的理論。當你投入了大量時間和精力去支撐特定的信念體系或某個有影響力的理論，你會很難承認你可能誤判了。

早在一九九六年，著名社會心理學家約翰・巴奇（John Bargh）就曾和幾個同事進行了一項研究，他們發現，光是閱讀和老年人有關的單字，就導致了一些年輕的研究參與者在離開測試室時走得比平時慢了許多。在年輕人腦中注入老年的思想，似乎減緩了他們的行動。這項研究立即成為經典。它引起媒體的廣泛關注，並激發了一個有趣的想法，也就是，光是提供給人們老年的刻板印象，便足以導致人以一種符合這種刻板印象的方式行事。

快轉到二〇一二年，布魯塞爾的一群心理學家試圖藉由更多參與者和更準確的步行速度測量，來複製這項已成經典的研究。他們無法重現當初的結果。相反地，他們發現，受測者只有在試驗員——那些主持實驗的人，知道哪一組人收到了提詞，自己受了感染且預期受測者走得較慢的時候，才會走路變慢。比利時科學家的結論是，測試結果似乎和試驗員的心理比較相關——而非受測者。這反映了心理學中眾所周知的「預期效應」（expectancy effect），意謂著當一個人知道會發生什麼時，常會不經意向他人洩露微妙的暗示，因而產生自我應驗的預言。

巴奇怒不可遏，質疑比利時科學家的能力，批判發表他們研究成果的期刊的素質，並譴責一位著名科學記者關於這項新研究的文章是「膚淺」的……網路新聞。

當構成我們人格一部分的信念受到挑戰，我們會感到苦惱，且往往會更加堅守自己的信念，變得更抗拒改變。知性謙遜能讓我們免受這種強大心理機制的影響。這對於心適力具有兩方面的重要性；首先，它有助於我們發展自我覺察（支柱二）；再者，它關係到更大的心理靈活性（支柱一）。例如，在一項有趣的調查中，人們發現那些知性謙遜的人能夠在「非常用途測驗」中想出更多日常物品的可能用途，你或許還記得，這是一種測量認知彈性的方式——它是靈活性的基礎。

評估你的知性謙遜度

想了解自己在知性謙遜方面的表現，可以回答以下九個問題。和「五大」測驗一樣，每個問題給自己打分數，從1（非常不同意）到7（非常同意）不等：

1. 沒人會指責我獨斷獨行，我可以接受自己犯錯。
2. 我真心欣賞絕頂聰明的人。
3. 我不認為改變想法是軟弱的表現。
4. 我很歡迎別人給我意見回饋，即使不中聽也無所謂。
5. 如果我對事實一無所知，我願意坦白承認。
6. 我覺得自嘲真的好難。
7. 我願意被好的論據說服。
8. 當有人批評我的想法，我會覺得很不安。

9. 當有人沒聽懂我說的話，我會覺得他們太不聰明了。

計算你的得分：

每道題的分數都是1到7。首先，把第6、8、9題的分數反轉過來。所以，如果你得了7分，就以1分計算，如果得了6分，就以2分計算，依此類推，就像之前的問卷。

把九個題目的得分相加後，你的分數會在9到63之間。分數越高，顯示知性謙遜度越高。

得分在9到21之間＝非常低
得分在22到38之間＝低
得分在39到50之間＝中等
得分在51到57之間＝高
得分在58到63之間＝非常高

培養你的知性謙遜

有幾個提升知性謙遜的方式，重點都是設法去接納別人的看法、質疑自己的信念，並坦然接受他人的意見回饋，不管有多難受。沒人喜歡自己錯了，但有時承認自己錯了能帶來變革，有助於我們學習。

1. **認真傾聽**你不同意的觀點，別插話，即使你不同意，也不要嘲笑表達觀點的人。
2. **培養成長心態**：我們可以透過培養成長心態來增進知性謙遜，也就是意識到自己的能力並非一成不變，而是可以透過努力和好的策略來加以激發、改善的。當你樂於學習，你也較可能接受自己有時可能是錯的。重要的是，要盡可能避免認為自己在某方面的天賦是固定不變的，而要繼續下去，直到有了進展。例如，如果你覺得自己不怎麼擅長彈奏某種樂器，那麼繼續努力，你將看到自己的技巧有了進步，你也會因為看到、相信自發性改變的效果，而培養出成長心態。
3. **慶幸自己的失敗**：我知道，這是知易行難。但只有當我們犯了錯，才可能從中吸取教訓。因此，當事情進展不順利，要好好了解一下狀況。仔細聽取更多一些人的意見回饋。問自己，有沒有什麼是原本該做而沒做以致無法扭轉局面的。只有承認了這一切，你才能真正學到東西。

要清楚自己的知性謙遜程度，以及你可能要加油的地方。意識到自己在開放度和知性謙遜的光譜中所處的位置，可以讓你深入洞察你的性格傾向所展現的自我覺察程度。這將讓你對自己有更深刻的了解，有助於你建立更強大的心適力第二支柱。

了解你的身與心

了解自己的性格特徵還不夠。「認識自己」不只是心理的自我評估所帶來的洞察。要真正了解你是誰，你必須了解你的肉體和心靈。這是古希臘人也明白的事。前蘇格拉底時代的哲學家恩培多克勒（Empedocles，西元前四九四－前四三四年）首次提出了由自然元素空氣、火、水、土所組成的冷熱乾濕四種「氣質」（temperament）。

當然，據信希波克拉底斯（Hippocrates，西元前四六〇年－前三七〇年）首先提出了人的四種基本氣質——多血質（善交際、外向）、膽汁質（獨立、果敢）、抑鬱（善分析、注重細節）和黏液質（安靜、隨和），是由於體液（或汁液，humour）過多或缺乏所引起的這種理論。這些汁液的精確組合被認為會導致疾病或健康，並支撐著人類的所有情緒、情感和行為。如今，心理學家和腦科學家多半將人格差異歸因於荷爾蒙、神經傳導物質和許多細胞外的化學信使（而不是血液、黑膽汁、黃膽汁或痰），但只要回顧一下本章前面描述的五大性格類型，就會發現希波克拉底斯的主張和現代理論家的結論有多麼接近。

儘管現代人花了相當多時間在默想、自省和思索古希臘的美好生命意義上，但可以肯定地說，當代社會正逐漸走向懶散遲緩。我們很少有人每天從事體力工作，數百萬人在辦公桌前連續幾小時對著電腦螢幕，然後繼續盯著螢幕度過幾小時休閒時間。和上幾代人相比，就連做菜、清掃這類家務，如今也省了不少技術和體力；以前的人可沒福氣像我們一樣擁有這麼多省時省力的小裝置。還記得我祖母會花上幾小時，用手在大碗裡把水果搗碎來製做果醬，現在這項工作用強力攪拌機只消幾秒鐘就能完成。

如今健身成了多數人在忙碌生活中排出時間來做的事，而不在我們原本就做的事情中。

我們已脫離實體現實（physical reality）

這種從實體世界的退避讓我們和自己的肉體脫節，使我們更無法判讀在不適、疼痛和迫近的疲勞方面的微弱而散亂的信號。你對溫度、搔癢、官能觸摸、臉紅、飢餓、口渴、肌肉緊張和許多別的身體信號的感知能力，構成了你的身體自我（physical self）的基礎。理解來自你身體的這些微妙信號是你做為你的一個獨特部分。這個幾乎被遺忘的自我覺察水平——挖掘自己身體的實體現實，如今在心理科學界再度引起重視。

一八八四年美國科學心理學誕生之初，哈佛大學心理學者詹姆斯（William James）

提出一種理論，認為情緒的產生是身體對事件反應的結果。他大大扭轉了我們對情緒的普遍看法——例如，詹姆斯認為我們不是因為恐懼而逃跑，而是因為逃跑所以恐懼。如果你看到蛇，你並不是因為害怕而心跳加速——看到蛇增強了你的心率，而當大腦檢測到這種增強，你開始感到害怕。詹姆斯並沒有為這個有趣想法提供直接證據，多年來也並未得到心理學界的歡迎。如今，隨著測量大腦和身體活動的新方法的出現，身體覺察對於人的感覺、想法和行為的重要性重新成為尖端心理學和神經科學。事實證明，詹姆斯是對的。

如今我們知道，意識到自己身體內部狀況的能力——被稱為內感受（interoception），能幫助我們實現更全面的自我覺察。你的內感受水平將在一定程度上反映出你在特定時刻感覺到的興奮和活力。例如，當你在等待一個重要的工作面試時，你可能清楚意識到自己的心跳，但當你和朋友一起輕鬆作樂，你可能完全沒察覺自己的心跳。但即使在這兩種截然不同的情況之外，人們在檢測這些內在訊息方面的表現也存在巨大差異。高度的內感受和高度的焦慮有關，相反地，那些不太擅長接收自己身體信號的人，往往在辨識、描述自己的情緒方面有著極大困難。

這是當代研究的一個令人興奮的領域，有許多懸而未決的問題。我們仍然不確定增強的內感受何時能幫助我們，何時能阻礙我們。例如，清楚意識到生理的恐懼狀態，在險惡情況下會很有助益，但在我們即將進行一次工作上的重要提案時，就沒什麼幫助了。

測量內感受

多年來，身體感覺一直被放在心理學次要位置的原因之一是，測量內在信號十分困難。它們是自發的，很難預測。有一種技巧叫作「心跳偵測任務」，它包含接收自己的心率。你可以自己試試。閉上眼睛片刻，放鬆。試著感受自己的呼吸，持續一陣子。接著將意識轉向較不明顯的感官，看是否還能察覺到心跳。這可能得花點時間，然後你或許會在胸腔以外的身體其他部位感受到較明顯的心跳。一旦找到了，試著數一數心跳次數。然後，將你在三十秒或一分鐘內估計的心跳次數和你的實際心率進行比較，就可以粗略衡量出所謂的內感受準確性。

然而，總的來說，對自己內在感官的深入觀察並不是測量內感受的最佳方式，研究人員也正努力改進這類技術。雖然自我報告的方法也不是很理想，但我發現以下幾個問題會有助於人們大致了解一下自己判讀身體感官的能力。

針對每個問題給自己打分數：1分代表「極少」，2分是「偶爾」，3分是「經常」，4分是「總是如此」，然後把分數相加，總分應該在10到40之間。

1. 我能注意到自己的肚子發脹。
2. 受到驚嚇時，我非常清楚自己的身體反應。

3. 看恐怖電影時，我能感覺頸後的寒毛豎了起來。
4. 我很容易注意到不愉快的身體感官。
5. 我可以輕易地心無旁騖專注在呼吸上。
6. 即使身處忙亂中，我照樣能專注在自己身體的某個特定部位。
7. 我能感覺到自己心跳得有多厲害
8. 我能感覺到自己頸背的肌肉緊繃。
9. 洗澡時，我感覺得到水流過我的身體。
10. 我感覺得到手心出汗。

得分高於30表示你很清楚你的身體信號，而得分20或更低則表示你可能和自己的內在信號不太協調。得分介於21、30是普通水準。

內感受與自我

我們的身體不斷向大腦發送有關內部調節狀態的訊息，如激素水平、血壓、體溫控制、消化和排泄、飢餓和口渴。事實上，目前我們知道，身體向大腦發送的信號（占80％）多過大腦向身體發送的信號（占20％）。這表示大腦是為身體服務的，而不是反過來。

這種設置似乎在幫助我們區分自己和其他人或物的方面具有重要作用。我們知道這點是因為，相較於想到他人或其他東西，當我們想到自己，大腦會發出較強烈的心跳信號。換句話說，比起想到他人，想到自己會產生較大的生理衝擊。這類研究告訴我們，不妨將大腦理解成深植在身體中，而身體本身又深植在複雜的物理、社會和文化環境當中。現實並非擺在那兒等著被感知的，而是透過我們自身有機物質的不斷波動，在我們腦中顯現出來的。心跳告訴我們什麼是最重要的。這和法國哲學家梅洛─龐蒂（Maurice Merleau- Ponty）一九四五年寫下的結論：「身體是我們擁有世界的總體媒介」（The body is our general medium for having a world）非常吻合。

身體信號有助於大腦做出預測。當我們把這點和日漸流行的將大腦視為一種推理裝置——不斷努力預測外界的狀況以及接下來會如何——的觀點放在一起，尤其能顯出它的重要性。但要記住，你的大腦並非完全受制於你周遭發生的種種。這些外在信號和來自你體內的信號不斷融合，產生了你對世界的感知。這是一種高度動態、活躍、預測性而永不休止的交流。

我們的身體信號也會影響我們的感知。這就是為什麼深夜吱吱作響的地板在你看恐怖電影時會比聽輕音樂時更嚇人。因為電影而加速的心率增強了對危險的預期，於是不明的聲響成了潛在的威脅信號。重點是，你對世界的感知受到你體內活動的影響之大超乎你的想像。

更重要的是，這種信號甚至被證明對種族偏見的表達產生了影響。在美國，黑人手無寸鐵地在與警察的衝突中遇害的可能性是白人的兩倍多。這個令人沮喪的統計數據的可能原因，已經在許多要求「瞬間判斷」（snap judgement）的實驗任務中進行了探索。例如，受測者可能會看到電腦螢幕上迅速閃現人拿著槍枝或手機的照片或影片。如果那人拿著槍，受測者的任務是按下「shoot」按鈕，盡速向威脅者象徵性地「開槍」，如果那人沒拿槍，就不做回應。結果十分一致：在沒有持槍的情況下，白人和亞裔受測者決定向黑人開槍的可能性大於向白人開槍。這是因為，他們較有可能把黑人手中的無害物品——例如手機或錢包，誤認為槍枝。

這種本能反應似乎多少受了我們體內活動的影響，尤其是心跳。進一步研究顯示，誤認大部分是在黑人圖像和受測者的心跳同時出現時發生的。當開槍或不開槍的判斷要求出現在兩次心跳之間，對黑人和白人目標手持槍枝或手機的辨識上並沒有差別。當心跳發生，動脈中的特殊感測器會發射一則訊息來警示大腦。在兩次心跳之間，這些感測器沒有動靜。當大腦接收到心跳或心率加快的信號，它會產生預測，以便弄清楚狀況以及該做些什麼來穩定並保護身體。由於無意識的偏見，黑人男性常被誤認為比同等身材的白人男性更高大而危險。因此，大腦收到警示信號（來自心跳），加上出現了代表威脅的刻板印象——黑人，似乎增加了即使是無害物品（例如手中的手機）都會被視為危險的可能性。毫無疑問，大腦是透過身體來感知世界的。就連種族刻板印象，似乎都受到了身體內部運作的變化起伏的強烈影響。

感知是一種活躍的過程（active process）

仔細看看下面這兩條水平線。你認為哪一條比較長？

對多數人來說，底下那條線看來長一些，儘管這兩條線實際上是一樣的長度。早期我仍是大學心理系學生時，在一次課堂上被這個稱為繆氏錯覺（Muller-Lyer illusion）的幻象迷住了。它以一種強有力的方式告訴我們，即使是對一條簡單線條的感知，也不只是基於光進入你眼睛的物理學，同時也是基於你以往對世界的經驗。

因為我們多半生活在稜角分明的世界裡，大腦將水平線兩端的箭頭理解為深度的暗示。例如，下方的圖形可以輕易被看成是在描繪房間的內角，而上方的線條則比較像是建築物的外角。做為內角，下方的線條看來可能近一些，因此也更大。這是因為落在你視網膜上的較小意象通常代表著距離較遠、實際上較大的物體，你的大腦會考慮這點

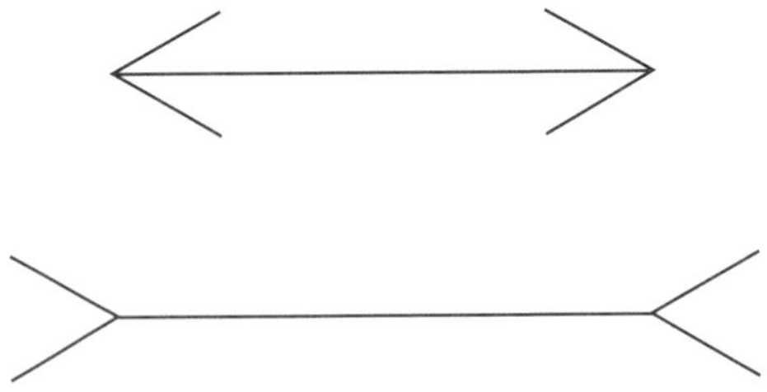

並重新計算，讓你有個井然有序的世界觀。這種估算有時會導致明顯的視覺誤差，像是繆氏錯覺。多項研究顯示，在非稜角環境中長大的人，例如南非的祖魯人和北美的納瓦荷人，生活周遭主要是圓形建物，就不太容易受到這種視覺幻術的影響。正如這種錯覺所顯示的，我們對世界的感知是活躍建構而成的，並受到我們以往經驗的重大影響。

和大多數事情一樣，我們對身體信號的感知也極大程度受到自身經驗的影響。心理學家早已發現，在不同的人身上，來自外界的同樣信號，可能會因各人先前的經驗而產生極為不同的含意——就像繆氏錯覺的文化差異所顯示的。如同來自外界的訊息，那些警示大腦的強烈內在信號也是如此。舉個例，如果你到達某個派對時發現自己的心跳比平時快了點，焦慮的人可能會把它理解為壞兆頭，而不那麼焦慮的人或許會當它是興奮的信號。幾乎可以確定這些內在信號正是焦慮的人不願承認自己的消極想法屬非理性的原因之一——不管不利於他們信念的證據有多強大。內在信號傳遞的是威脅，比其他可能和他們的快速心跳相矛盾的證據更有說服力。

有時，這些來自我們身體的信號會導致我們犯下嚴重錯誤。就像前面的種族偏見例子，錯誤的刻板印象（例如，某個族群特別危險）會被我們的內在信號激活。然而，其他利用我們固有的龐大知識庫的各種直覺可以引導我們做出更好的決定。有了這些更準確的直覺，我們的內感受能力可以改善決策，尤其在承受壓力時。當必須在極度緊張的情況下瞬間做出決定，心跳等內部信號會有助於我們依賴自己最了解的東西。這或許無法在緊急情況下幫助快槍手（如果這些信號帶有關於特定族群的負面刻板印象），但只要我們接受面對類似情況的良好訓練，這確實能幫助我們做出更好的決定。

一項針對金融交易員進行的有趣研究展示了它的運作方式。在快節奏的交易大廳裡，決定成功與否的因素當然很多，但其中之一似乎就是內感受能力。一組研究人員調查了倫敦一家對沖基金的十八名交易員，這些交易員在一個市場存在巨大不確定性的特別動盪時期進行著高頻率交易。使用我們前面描述的心跳偵測任務，結果發現，交易員在接收自己直覺的表現優於一般水平。這倒也不怎麼令人意外，因為我們知道，壓力增加可以促進內感受，而眾所周知金融交易是壓力極大的工作。更驚人的是，交易員的內感受能力是預測他們的整體獲利能力，以及能在金融市場存活多久的良好指標。

如何激發你判讀身體信號的能力？

考慮到內感受能力對自我覺察的重要性，我們不禁要問，我們能否提升這種能力？一組研究人員著手研究冥想對於偵測身體信號的準確性的影響。這是一項重要研究，因為，儘管冥想常被認為可以提高人對身體感官的開放、非批判性的覺察，實際上少有確鑿的科學資料可以支持這觀點。但這項研究明確顯示，冥想——或起碼是身體掃描，強化了受測者接收身體感官的能力。

在正念冥想中，所謂「身體掃描」（body scan）是一種可以釋放或許連你自己都沒察覺的緊張、幫助你接收身體信號的簡單練習。方法是以一定順序緩緩留意身體的每個部位，注意全身的任何不適或疼痛。

- **採取舒適姿勢**：可能的話最好躺下，但如果在辦公室，需要快速釋放壓力，可以坐在椅子上進行。
- **做深呼吸**：深深吸氣，讓胃在每次吸氣時像氣球一樣膨脹。持續做個幾分鐘來讓自己徹底放鬆。可以試試「四－七－八」技巧，即吸氣一邊數到四，屏住呼吸一邊數到七，然後輕輕吐氣一邊數到八。這會有助於你在兩次呼吸之間稍做停頓並真正放鬆。
- **把注意力放在雙腳**：繼續輕輕呼吸的同時，慢慢開始觀察雙腳有什麼感覺。如果發現有緊張或疼痛，就深呼吸直到它消失。想像緊張隨著每一次呼吸離開你的身體。準備好後，將注意力移往小腿肚和脛骨。
- **將注意力移往全身**：繼續身體掃描，讓注意力向上透過整個身體，在這當中留意是否有壓力、疼痛或緊張，並繼續一邊深呼吸。最終來到頭頂，這時再做三、四次深呼吸，想像緊張感離開你的身體。

這個簡單技巧確實可以幫助你加深對自己身體的覺察，同時也是化解壓力的絕佳方式。如果你沒時間進行全身掃描，可以只針對身體的一個部位去做。這是一個可以每天練習的好習慣，在你特別繁忙或有壓力的時候尤其有用。

發展對自己身體的感覺，接收內在的生理感官，可以開啟通往一種重要的自我覺察層次之門。當你將身體覺察加入對自己性格特徵的理解當中，你將發展出更深層的自我覺察，並建立起心適力第二支柱的堅實基礎。

本章摘要

- 了解自己是所有文化共通的古老智慧支柱。
- 了解自己的性格特徵是自我覺察的一個重要層次，也是理解陌生人的有用架構。
- 思考性格的「類型」是不準確的。反之，把性格看成在幾個核心層面上的不同傾向，會比較實際些。
- 對新體驗持開放態度，意識到自己的知性謙遜度是很重要的，因為這些都是可以培養、發展的的心適力核心面向。
- 接收自己的身體信號，又稱內感受，對於培養更全面的自我覺察也很重要。
- 內在信號在塑造你對外在世界的感知上具有重要作用。
- 簡單的身體掃描技巧可以提高你對內在身體信號的覺察。

Chapter

9 信念與價值觀

如前一章所示，了解自己的性格特徵、接收自己的內在感官是發展自我覺察的要件。然而，這些面向只透露了關於我們是誰的一部分。要真正了解自己，關鍵是要培養對自己核心信念的意識，發掘出自己的個人敘事——我們的個人故事。在本章中，我們將探索如何培養更深刻、全面的自我覺察，進而幫助你理解身邊的人。

一九八三年四月二十七日上午十點，十一名跑者在雪梨帕拉馬塔市 Westfield 購物中心外暖身。他們當中有些是全球超長跑高手，例如鮑爾（Siggy Bauer），剛締造了穿越南非一千哩的世界紀錄。這群選手正準備參加從雪梨到墨爾本的首屆超級馬拉松比賽。他們已訓練了幾個月，多數人都有企業贊助商和專屬支持團隊，來協助他們完成這兩個澳洲城市之間的五百四十哩路程。年方二、三十歲的他們正恣意揮灑著自己的青春。

只有一個例外。

當看到六十一歲的當地農夫克里夫・楊（Cliff Young）混在一群頂尖運動員當中，許多觀眾以為那是玩笑。在前一天的新聞報導中，一名當地記者警告克里夫，他不可能跑完賽程。克里夫解釋說，每當暴風雨席捲他廣達兩千英畝的農場，他經常得徒步把大批羊群趕到一起，因為他買不起馬或曳引機。「這工作很花時間，」他說：「但我總能抓住牠們。我相信我能跑完這場比賽。」

比賽剛開始就坐實了觀眾們的擔憂。克里夫拖著奇怪的步伐前進，很快就被另外十名快速出發的選手甩在後面。當時，大家對超級馬拉松的普遍看法是，你應該跑十八小時左右，然後每晚睡至少六小時。因此，過了大約十八小時，多數跑者都停下來休息，吃點東西，小睡一下。但克里夫沒有，他繼續前進。直到過了凌晨兩點，他終於停下來，休息片刻，兩小時不到，便再度以他獨特的拖步跑法上路。難以置信的是，第二天開跑時，克里夫已處於領先地位。「我不過是隻老烏龜，」他對記者說：「我得不停前進才能領先。」

聽到這話，對手之一，名叫里奇（Joe Record）的英國人說：「他說他是烏龜，但我認為這老混蛋根本是偽裝的兔子。」

接下來幾天，克里夫的表現在社會上引起了轟動，就在他離開雪梨五天十五小時又四分鐘之後，數千名祝福者列隊在墨爾本街上，為克里夫衝過終點線加油歡呼。他贏得了比賽，比第二名領先了近十小時。

隨著克里夫於二〇〇三年以八十一歲高齡去世，澳洲傳奇長跑選手格蘭特（Ron Grant）奉上最完美的獻詞。「克里夫不見得是最棒的跑者，」他告訴ABC記者，「他冒了出來，擊敗場上所有人，因為大家都相信必須在晚上睡覺，而克里夫沒讀那本告訴你應該要睡覺的書。」如今，多數超長跑選手在途中睡得很少，就像克里夫。

信念是強大的。正如克里夫·楊發現的，沒了先入為主的觀念，我們的大腦可以自由放飛，發現機會。因此，查看自己的內在、檢視自己有哪些核心信念——關於世界如何運作的許多先入之見的來源，會很有幫助。

你的核心信念

重要的是要記住，我們的核心信念和價值觀不同於我們的性格，後者反映了我們慣常的思考、感覺和行為方式，如同我們在上一章看到的。這也是為什麼對性格特徵或類型的理解被稱為「陌生人」心理學，因為性格特徵不必然能告訴我們一個人的核心信念和價值觀。我們的信念和價值觀提供了一種更私密、個人的關於我們是誰的理解。信念反映的是一種即使缺乏確鑿證據，也相信某事為真的堅定看法。信念往往和人的背景高度相關，因為它們是以我們過去所經歷的種種文化和環境狀況為基礎的。價值觀則是關於什麼是真正重要的更深層的信念，並對我們的生活方式有著強大影響。它們通常和背景因素較不相關，而往往反映了普世準則。價值觀反映了誠實正直、同情心等指導原則。無論我們是外向或內向，思想開放或封閉，都可能受到相同的普遍價值觀的指引。價值觀很重要，因為它們能讓我們在變化莫測的世局中站穩腳跟。雖然我們必須適應種種持續不斷的變化才能充分發展，我們的許多信念也可能會改變，但我們的核心價值永遠不須改變。

發掘你最深層的信念

你的核心信念決定了你如何看待自己、他人和整個世界。它們常常不被察覺，隱藏在潛意識的隱蔽範圍內，但這些根深柢固的信念對我們在各種狀況下的感受、思考和行動方式有著深遠影響。核心信念往往有一種走極端的性質。有些非常正向（一旦下定決心，沒有我做不到的事），但有些是自暴自棄（我不討人喜歡，我太失敗了，別人都不靠譜）。

要發掘自己的核心信念，通常需要仔細篩檢一層層的自我對話，弄清楚所有一切的深層原因。了解在自己腦中翻騰的所有念頭和自言自語的一個很有效的方法是寫心情日記。隨手記下一件讓你感到緊張、氣憤、困惑或不安的事件（我們稱之為critical incident，關鍵事件）。不必太費心描述事件本身的確切細節，而要把重點放在你對所發生事件的想法。日記格式不拘，只要盡可能對自己完全誠實坦白，看是否能弄清楚種種想法和感受背後的核心信念。

問自己：

1. 發生了什麼事？
2. 你感覺如何？
3. 你做了什麼？
4. 你對發生的事有什麼想法和結論？

假設你的關鍵事件是這樣的：**一群同事下班後去喝酒，沒有邀我。**接著，寫下幾個字來描述你在這事發生時的感受，以及你做了什麼。也許你覺得**被冷落，傷心，難過，孤單，多花一小時工作，第二天不理他們。**接著，專注在由此產生的想法上。也許你會想：**他們覺得我很無趣，或者他們只是忘了。**盡可能把各種想法寫下來。接著，針對每一個想法，稍稍深入探究一下，問自己：這代表什麼意思？答案可能是：

「也許我這人不是很有趣」

這是什麼意思？

「大家不喜歡和我在一起」

這是什麼意思？

「我永遠不可能有一群親密好友」

這是什麼意思？

「我將永遠孤單」

這是什麼意思？

「我這人很無趣」

這是什麼意思？

覺得自己是個「無趣」的人是相當黑白分明的，聽來很像一種核心信念。它是涵蓋一切、無條件而僵化的。

你的心情日記不太可能像這樣俐落地展開，尤其剛開始的時候。請記住，我們的目標是像頑強的偵探那樣，質疑圍繞著惱人事件的每個想法或信念的含義。想想福爾摩斯。最終你會發現一些關於你對自己的看法的真相。另一種有助於發掘你的一些核心信念的方法是，直接向自己提出一連串試探性的問題。你可以自己設計問題，只要盡可能觸及你真正相信的事物的核心。這裡有一些提示：

你認為多數人都比你聰明？
你認為你所做的一切都是錯的？
別人的人生比較愜意？
你認為只要你下定決心就沒有你做不到的事？
你運氣不佳？
你是個有趣的夥伴？
你認為沒人了解你？
你覺得自己值得被愛？
你認為你有魅力？
多數人都是好人？
你喜歡用「大家都」或「老是」這類字眼？

經常以這種方式反思自己的想法和信念，會幫助你發展更深的自我覺察。

你的核心價值

信念不同於核心價值

前面提過，性格特徵反映了你在各種情況下的一貫行為方式，信念代表你對某些事情的真相或其他方面的堅定看法，價值觀則是無論具體信念或性格特徵如何，為你的人生提供意義的指導原則。當然，你的價值觀通常和你的核心信念相關，但它們和核心信念是分開的，是在一生當中引導你的基本道德準則。許多人在日常工作中庸碌打拚，從未認真想過自己內心最深處的渴望。事實上，只有當你確定並理解自己的核心價值，才可能活出豐富、充實而有意義的人生。

因此重要的是要弄清楚，在生活的各個面向，對你來說真正重要的是什麼。你的價值觀除了不同於你的性格特徵和信念，也不同於你的人生目標。價值觀是引導你朝著某個方向前進的東西，而目標是你希望在過程中達成的特定里程碑。你會有多個隨著時間而改變的目標，但你的價值觀是一種持續不變的過程。

你有什麼價值觀？

下面我改編了哈里斯（Russ Harris）的《快樂是一種陷阱》（*The Happiness Trap*）這

本精彩著作中的一個簡單練習，來幫助你發掘自己的核心價值。重點是試著思考你生活中各個領域的價值觀，要從行進走向來看——真正驅動你的東西，而不是看特定目標。對你來說什麼是真正重要的？你真正在乎的是什麼？

思考以下幾個主題。針對以下每個生活領域，深入思考它們對你的意義，並加入我遺漏的和你相關的任何內容。花些時間來決定，你想成為什麼樣的人，確立在較深層上對你來說最重要的東西，確認你想在人生中主張些什麼。釐清你的核心價值並加以遵循，對於建立更深層的自我覺察——心適力第二支柱——非常重要。

1. **家人**：你想成為什麼樣的家庭成員？你想建立、維持什麼樣的關係？依次考慮每一份關係。如果你是理想的孩子、父母、兄弟姐妹、姨嬸伯叔、祖父母，你會如何與他人互動？
2. **夥伴**：你想進入合夥關係、親密關係或婚姻？倘若如此，你想成為什麼樣的夥伴？理想情況下，你會如何表現？
3. **工作生涯**：你想做什麼工作？你在工作中最看重什麼？如果你是理想的員工、雇主、同事，你想建立什麼樣的關係？
4. **個人成長**：你是否重視教育和個人發展？什麼能吸引你？你想學些什麼？注意這裡不要和目標混淆了：「我想學法語」是目標，而「我希望能用人們的本國語言和他們交流」是價值。

5. **精神生活**：對你來說在這個生活領域中什麼是重要的？和自然保持平衡對你來說是否重要？宗教信仰是否重要？對更高的存在持懷疑態度對你是否也很重要？

6. **社群生活**：你想在社區中扮演什麼角色？參與政治或在社區團體中擔任志工，對你來說是否重要？

7. **自我照顧**：你是什麼樣的人？你是否自艾自憐？努力驅策自己是否重要？你想如何照顧自己的健康與幸福？這對你很重要嗎？為什麼？

要記住，價值觀是賦予你生活意義的一般原則。它們也是讓你在困境中依然能站穩腳步、繼續前進的力量。

了解自己的真我

在你從孩子轉為青少年，再轉為成年人的過程中，你的信念和價值觀會融入到關於你是誰，以及你在更大的人生計畫中所處的位置——你的「真我」的基本意識中。當你問自己這個決定性問題，「我是誰？」你絕不能忽略塑造了你的社會及文化背景。你的信念和價值觀反映了你經年累月的偏見。其中許多是來自我們的近親和社群，事實上，這類信念往往在決定我們是誰方面起了難以估計的作用。政治信仰是極難改變的信念，如果面對相反的見解，我們腦中的防禦網路就會啟動，來抗拒思索新觀點的意涵。這對於我們保持思想開放和彈性影響極大。隨著信念趨於強大、深刻，我們也越來越不可能對另一種現實保持開放心態，也越來越可能會優先接受那些和我們所相信的相符的訊息。這是「確認偏差」（confirmation bias），因此我們總是被那些符合，而非挑戰我們世界觀的訊息吸引。

當我們的信念相互矛盾時會如何？

由於確認偏差等原因，根深柢固的信念往往很難改變。挑戰我們的信念意謂著質疑自己身分認同的核心，而且耗費大量時間和精力。這就是為什麼當我們的信念相互矛盾或者和我們的行為不一致，我們會如此困惑不安。在心理學中稱為「認知失調」（cognitive dissonance）的心理矛盾中，這是指當我們抱有彼此不一致的不同信念時所感受到的心理衝突。例如，假設你堅信燃氣排放是全球暖化的一個重要因素，但同時你又喜歡並經常駕駛你那輛耗油量大的老車。信念和行動之間的衝突會激發一種內在動力，促使你要麼改變行為——停止開你的愛車；要麼改變信念——你可能會努力說服自己，一輛車的燃氣排放，影響應該不至於太大。

大腦的當務之急是解除緊張，恢復平衡。人們多半不會改變自己的行為——因為這很難，但他們也不想挑戰一個根深柢固的信念。我們的天性是改而用一種有助於減少不和諧的方式，重新理解事實。這就是為什麼我們通常會繼續堅持信念，即使面對無可辯駁的不利證據也一樣。

信念越是涉及個人，我們放手的可能性就越小。以居住在愛爾蘭共和國克萊爾郡恩尼斯小鎮的ＰＪ．霍華德為例。對ＰＪ來說人生十分美好。多年來，成功的房地產事業讓他積累了超過六千萬歐元，一九九八年他愛上一位他在當地商店遇見的、比他小十五歲的活潑迷人的美女莎朗．柯林斯。八年來，兩人一起生活，經常展開奢華的環球旅行。雖然從未正式結婚，但ＰＪ和莎朗曾於二〇〇五年在義大利為親友舉辦的一場盛宴上互許終身。

不到一年後，莎朗因密謀殺人被捕，她的謀殺對象不光是ＰＪ，還包括他的兩個兒子，以便繼承他的全部財產。證據無可爭辯，莎朗發給一名美國殺手的詳細電郵鉅細靡遺勾勒出她的計畫：先讓謀殺兩個兒子的事件看來像一場意外，接著讓ＰＪ的死看來像是悲痛欲絕的自殺。「會不會太牽強？有可能看來像意外而不是謀殺嗎？」她在一封電郵中問這名準殺手。儘管如此，ＰＪ仍然對她死心塌地。他怎麼也無法相信，他心目中那個深愛著他的女人竟然會密謀要他的命。「這說不通啊，」他告訴庭上，「打死我都不相信。」在證人陳述中，他懇求陪審團別給莎朗定罪，走下證人席時，他還熱情地親吻了她。

然而，陪審團和警方不為所動，莎朗被判有罪並處以六年徒刑。儘管悲慘，PJ的故事給了我們一個活生生的認知失調範例。他不願改變核心信念——他擁有一個心地善良、忠於他、愛他的伴侶，而是完全無視於任何和這種堅定信念相衝突的訊息，無論多麼確鑿無誤。在這案子中，愛果真是盲目的。

信念提供我們理解世界的基礎

信念是我們賴以搭建對世界的理解的心理支架，有助於我們產生無數假設和先入之見，簡化了社交及情感生活的複雜性。我們本質上是利用信念做為節能設備，來簡化我們對世界的處理程序的「認知吝嗇鬼」（cognitive miser）。想像一下，如果你每次遇上新情況，都必須從頭開始設法解決所有問題，你的大腦很快就超載了。因此，大自然演化出一種聰明的辦法。信念讓我們能吸取複雜訊息的精髓，迅速得出結論，而不必根據第一原理（first principle）來計算出證據，這太耗神費時了。

許多研究顯示，強大的信念，如刻板印象，能釋放心理資源，騰出更多時間和精力來投入其他事情。缺點是為了效率而犧牲了準確性，一丁點證據都可能誘使我們做出強烈的假設。

幾年前我就有過這方面的親身經歷。當時我丈夫凱文和我正為他那患有帕金森氏症的父親約翰安排助手。隨著約翰的病情惡化，我們意識到我們不能讓他獨自生活。他搬來和我們同住，但問題依然存在，因為當我們都出門工作，他仍然得每天獨處很長一段時間。我們和一家當地護理機構討論雇人每天來協助幾小時的可能性。接連好幾個臨時看護員來來去去，這對約翰來說很困擾，因為他始終沒能好好認識他們。我們和這家機構一起努力尋求一名能承諾經常過來協助約翰的長期看護員。我們知道找到一個他可以熟絡、信賴的人很重要。一天早上，護理機構來電通知好消息。有個名叫東尼的年輕人有空。他住在當地，可以長期持續地每週過來四天。太好了。

週一早上八點，門鈴響起，我打開門，看見東尼，一個留著小平頭、戴了五個鼻環和墨鏡的滿身刺青的男人，他解釋說他「早上有點宿醉」。我的心一沉。可以把約翰交給一個樣子如此粗魯、不可靠的人照顧嗎？我所有的刻板印象一股腦湧上。我很羞於承認，不過當時我甚至懷疑他會不會搶劫我家。

結果發現再沒有比東尼更棒的看護員了。他和約翰閒聊足球和政治，總是說說笑笑的。東尼不僅廚藝一把罩，為約翰張羅美味午餐，甚至還說服他多多出門去活動筋骨，這是以前的看護員根本做不到的。東尼在我們家待了一年多，成了約翰的堅定友人和看護員。所幸，我克服了最初的擔憂，沒被自己的刻板想法牽著走。我很高興我做到了，因為東尼讓約翰的生活大大改觀。

這次經歷讓我了解到，我們的信念和成見對於心理僵固性的發展所起的重大作用。雖然它們非常有助於我們消除複雜性，但這有點像戴眼罩。戴上它們，我們不一定能接收所有相關訊息，反而會倔強地固守自己信念的意涵。就我而言：紋身+小平頭=不可靠！在東尼身上，這個簡單的公式完全錯誤。

養成挑戰自身信念的習慣

這就是為什麼不斷質問、質疑自己的核心信念是如此重要。這並不容易，但會幫助你敞開心胸，培養更深層的自我覺察。這個習慣不僅對培養自我覺察很重要，同時也能減少你所抱持的複雜信念網路無法真正反映你是誰的可能性。當然，信念也會影響我們的價值觀，因此，如果我們不充分理解自己的信念，可能就無法真正受到價值觀的引導。只是隨波逐流，而不是由更深層的意義所驅動。要真正擁有自我覺察，建立心適力的第二支柱，重要的是你的生活方式必須反映你自己最深刻的價值觀，而不是你的家人朋友、你試圖保護自我的那部分，或整個社會所強加的。如果說信念是自我的基石，那麼價值觀便反映了你最看重的東西。

希臘哲學家亞里斯多德告誡我們：「自知是一切智慧之本。」然而，許多人對自己的核心信念和最深層價值觀了解很有限。就這點而言，我們還有待「發現自己」。儘管「尋找自己」聽來有幾分自我耽溺的味道，但我認為，如果以正確的心態去做，這實際上是一種無私而重要的過程。要成為最好的父母、最好的同事、最好的朋友，首先你必須了解並接受自己。這並不容易，因為我們往往在不知不覺中隱藏真實的自我。你的大腦包含了多層意義，連同塑造了你的生活、引導你無意識地行動的一些久遠記憶及聯想的殘跡。這些記憶和老習慣會促使你照著社會的標準行事，而不是照自己的。

為了順應環境，我們往往得在不同情況下成為不一樣的人，這種應變性是好的。然而，危險的是我們可能會忘了真實的自我，陷入一種生活方式無法反映自己最深層價值觀的境地。例如，你可能對保護地球這項價值充滿熱情，同時卻在一家為了降低成本而未能盡力做環保的大公司工作。要完全展現真實自我，重要的是要發揮這種適應能力，但也要忠於自己。有時候，視而不見是有道理的。問題是很多時候，適應力和根深柢固的價值觀之間存在著緊張和衝突。我們往往變得依賴於較為膚淺的自我，而沒有認知到我們無論何時都可以取得的許多別的選項和選擇。這就是為什麼許多人順從於可能和真實自我不一致的社會角色。

個人敘事

我們就是故事！

如今，何謂「真我」（authentic self）或「真實的」（true）自我，成了心理學界的熱門話題。許多研究探詢了人如何透過自己的多重責任、興趣和慾望，去理解真真實實的自我。已經顯現的答案是，我們可以透過講述自己的故事，來發展深層的自我覺察。我們的個人故事為我們創造了意義，並成為我們不可或缺的一部分。它們是關於存在的亮麗（有時是破爛的）緞帶，將那些讓我們獨一無二的牢固信念，以及核心價值的大堆獨特敘事細綁在一起，這些信念和核心價值觀造就了我們，使我們成為我們自己。故事是真正的我們，可以讓我們更深入、更私密地觸及自己的性格。

展現你的個人敘事

因此，發掘真實自我的一個絕佳方法就是，寫下你生活中能夠刻劃你和你性格中的若干重要特徵的一些故事或事件。坦誠地寫，可以非常深刻。在我和一小群企業領導人進行的一系列輔導中，一位名叫湯姆的參與者透露了一個讓他的生活更加美好的深遠啟示。他的故事包括他九歲那年跳進花園水池去救一個嬰兒的往事。他清楚記得當時他引起的騷動，以及那感覺有多棒。另一個故事發生在他二十歲出頭的時候，當時他經常在晚上歡聚時同意不喝酒，以便事後開車送朋友們回家。就像一個堅毅的人格探索者在自己成長經歷的淤泥中尋找真實自我的金塊，湯姆意識到一個清晰的主題逐漸浮現：他把自己視為「保護者」，他的人生敘事就是助人。他的一個根深柢固的信念是「他人需要照顧」，因此，他的核心價值之一是「保衛」。這讓他理解了他現在的一些行為，以及為什麼他的妻子和孩子經常抱怨他太愛控制。

我們的自我覺察經歷了三個發展階段：

- 演員
- 行為者
- 作者

小時候，我們的角色通常十分明確——兒子／女兒、兄弟姊妹、朋友，而我們在這階段的故事也反映了這種在世上扮演某種角色的意識。對一個六歲小孩來說，他的故事離不開你是誰、你做了什麼，以及誰對誰做了什麼的事實細節。進入青春期後，我們仍然扮演著這些角色，但我們也開始制定目標，做出一些可能幫助我們達成這些目標的決定，成為自己命運的行為者（agent）。最後，當我們進入年輕成人期，我們開始將過去與現在的經歷，和我們對未來的憧憬相結合。信念、價值觀和自我就像身分地圖上的路線一樣交互融合，形成我們可稱之為「敘事身分」（narrative identity）的東西。

將難忘的人生事件串聯起來，從中建構一個有意義而連貫的故事，能讓你的大腦順利通行於一個複雜且往往令人困惑的世界。這是我們自然而然去做的事，建立我們的自我覺察很重要。你的敘述性自我深植在你的個人故事中，我們多數人都會和別人分享我們講述的關於自己的故事。事實證明，這真的很重要。透過和他人分享自己的故事，你得到的意見回饋可以幫助你完善、擴展你的自我理解。你或許覺得自己年輕時的某些行為十分罪過，但別人可能會告訴你，你當時的反應完全正常，根本談不上罪過。根據發展心理學者的研究，你對事件的記憶可以變得非常有彈性，為你帶來個人成長的機會。

將自己的過去組織成人生敘事是了解自己是誰的一種有效方式。我們對自己訴說的故事非常重要。我們所遇上的事件的真相，可能還不如我們如何在腦子裡重建這些事件來得重要。例如，如果你目睹了一場可怕的交通事故，但把它建構成一種補償性敘事，顯示你因而對生活產生了更深刻理解，那麼這件事就不太會對你的幸福感產生持久的負面影響。你為了理解這次事件所創造的意義——原本糟糕的東西實際上帶來了若干正向的個人發展，是心理安康的信號。科學告訴我們，救贖的故事尤其是心理安康的強大預測指標。

展現你的人生故事

不少人是天生的說故事高手，你或許也已經有一些你常說的敘述性故事。然而，有些人很少想到自己的人生和自己的敘述性故事。無論你講故事的功力如何，以下練習對於揭示你的一些中心敘事會非常有用。也許不是什麼驚天大事，也或許是一大啟示。無論如何，它將幫助你找到真實的自我。

如何找到你的敘事身分？

重要的是為自己安排時間——例如一小時，來做這項練習，同時找個不會被打擾的安靜場所。如果你使用電腦，記得把電郵等各種自動通知全部關閉。

在這個練習中，你是說故事的人，你的任務是引出你自己故事的亮點。想像你的生活是一本書，包括了章節、主要人物、不同場景和主題。你可能會想替你的故事擬定情節概要，來串聯所有章節。一旦有了貫穿一切的故事主軸，接下來的任務是專注在四個突出的事件。它們不一定要按時間序排列，也不必是重大事件，只要是對你有意義而真實的。所以，想一想，然後挑選四個分別符合下列四個提示的關鍵事件：

1. **人生低谷**：一個讓人感覺非常負面的事件，可能和恐懼、幻想破滅、罪惡感、羞恥感或徹底絕望有關。
2. **人生頂點**：一件和真正的喜悅、幸福或滿足感、寬慰、稱心如意有關的事。這些片刻之所以突出是因為它無比積極正向。
3. **轉捩點**：一個你對自我理解發生深刻變化的時刻或事件。
4. **自定義回憶**：一種反映你人生中不變主題的回憶。通常會令人情緒激動，有助於說明你是什麼樣的人。例如，湯姆發現自己做為保護者的自我認同，就是在回應這類提示。

分別為四個提示寫下幾段可能的情節——這過程本身可能就頗有啟發性，然後挑選你認為最具代表性的一段。「自定義」（self-defining）記憶可能會特別困難，可能得經過一番深思熟慮之後才會出現，因此，如果一時間想不出來，也不必著急。像湯姆，也是花了幾個月才發現自己是保護者。一旦經常思考這類故事，你的關鍵事件就會逐漸浮現。針對四個故事的每一個，都要盡可能詳細描述當時你在哪裡，有誰和你在一起——如果有的話，事情的經過，你（和其他相關人等）是如何反應的。試著概述一下你在事件中的想法和感受。

如果你想立刻做這個練習，先別往下讀。要真正從這個練習受益，必須對自己百分百誠實。要是你現在就知道研究人員想在這些故事中尋找什麼——這將在後文中揭曉，你可能會刻意把它們列進去，而不是真心誠意地寫出來。等你寫完你的故事再回來吧。

解讀你的人生故事

歡迎回來。希望你已經用上面的提示寫了一些故事。現在，我們來看看，你透過這個練習展現出了什麼樣的自己。

人的人生敘事中通常會出現三個首要主題。瀏覽一下自己的故事，看你能不能辨識出這些主題：

- **情緒品質**：你的故事大體上是正面的嗎？它是不是有個糟糕的起點，然後以較正向的方式結束？還是反過來——從好到壞？
- **複雜性**：你的故事有多複雜？它充滿了各種細節，或者你只是概略描述了一下事件？
- **意義的建立**：你的故事是否顯示，你試圖從許多看似全然不同的情況中吸取有意義的教訓？

你的故事越複雜，你就越可能從看似迥異的事件中領悟到東西。此外，明顯具有正向情緒基調的敘事——尤其當它是從負面轉為正向時，往往伴隨著更好的心理健康。因此，如同湯姆所做的，光是反思自己的故事便可能幫助你看出一些模式，加深對自己的理解。

萬一你的人生主題很負面？

許多人發現自己的許多主題相當負面。倘若如此，能發現這點是好事——你或許直到現在才察覺自己有多負面。探究你的故事為何有負面傾向——只是你今天的心情，還是一種更大的習性？——可能非常有用。本書中有許多有助於處理負面思維（見第十一章）、挑戰自己觀點（第七章）的練習，應該會很有幫助。

你的真實自我與心適力

培養自我覺察很重要，因為當意外事件發生時，對於自己的個人偏好、信仰、做事方式、對過去和當今事件的偏見與理解，特別是價值觀……的良好自我覺察，能幫助我們理解，為何我們會有那樣的反應。就這樣，自我覺察可以幫助我們後退一步，更有效地做出回應，並增強我們的靈活力，幫助我們適應新情勢。

我們可以藉由探索自己的性格特徵、身體信號、核心信仰和價值觀，以及已經融入自我覺察中的個人敘事，來培養更深刻的自我覺察。

本章摘要

- 要建立心適力的第二支柱——自我覺察，不只關係到性格特徵、知性謙遜和身體覺察，我們還需要對自己的信念和價值觀有良好的理解。你對人生、自己和他人的信念強大無比。你的信念會讓你自我封閉，讓你看不到真正的自己。

- 你最珍視的信念很難改變，但你可以先花點時間確定自己的信念是什麼，並且挑戰它們。
- 找到自己的核心價值——你人生中最重要的東西，並與之產生連結也非常重要。
- 信念和價值觀共同構成了你的「真實自我」。
- 你常可以在一些對你意義重大的個人故事中找到了解真實自我的關鍵。你的真我會經由這些故事展露出來。
- 這些個人故事是日常敘事的熔爐，信念、價值觀和意義就在裡頭融為一體，它們能幫助你建立更強大的自我覺察。

心適力第三支柱

情緒覺察

Chapter

10 了解自己的情緒

一九八六年四月九日上午，我和父母正在都柏林郊區的老家，突然被一陣響亮的敲門聲和外面的尖銳警笛聲嚇一跳。打開門，我驚訝地看到四名武裝的愛爾蘭警察。

「有沒有人經過你們的後院？」其中一人問。

「沒有，」我回答，「大概吧。」

「介意我們看一下嗎？」他們穿過房子，進了後院，往棚子裡、樹籬後面和車庫內看了看。直升機在空中盤旋。顯然出了大事。

「你們在找什麼？」我母親問，但他們不肯說。

後來，我們聽說一個驚人的消息，我們的一位鄰居珍妮佛·吉尼斯被綁架了。珍妮佛是我兒時一位朋友塔妮亞的母親，小時候我們去海邊玩然後順便到她家喝茶、烤麵包，也常和她聊天。她被一群手持烏茲衝鋒槍闖入她家的男人帶走。像多數都柏林人一樣，我們開始關注有關她被綁架的電視新聞報導。綁架者誤以為她是釀酒公司健力士（Guinness）豪門的一員，索取巨額贖金。所幸，她在被擄八天後毫髮無損地獲釋，社區也逐漸恢復正常。

珍妮佛遇難後不久，我出門散步時遇見她，好奇地想多知道一些。她是一個堅忍、嚴肅的女人，所以聽到她在這八天當中儘管憂心自己的安危，卻仍保持冷靜，我並不覺得意外。她告訴我，她大致上受到不錯的對待，還密切觀察了綁架她的人。其中一個較年長的男人相當咄咄逼人，因此她一直提防著他。然而，一個較年輕的感覺比較溫和，而且似乎不太有自信。她大膽使了點計策，不時對他發火，大吼大叫，命令他把她放了。她的直覺是，對那個較兇悍的綁架者發怒當然危險，但這或許是讓那個較年輕、沒自信的綁架者動搖的有效方式。這策略在那樣的情況下是否有用，還很難說。但我認為，它起碼能讓珍妮佛在那個無疑非常可怕的情況下感覺更強大些。

為何情緒覺察是心適力的要素？

幾年前，我丈夫凱文寫了一本關於說服的藝術與科學的書。為了揭示社會影響力的DNA，他做了一件很不尋常的事。他不僅花時間採訪了一些該領域的頂尖學術專家，還和全球許多詐騙高手打交道——這些人不好惹，但他們是遊說天才，一生沒讀過一本詐騙指南，卻根據第一原理找到自己行業的訣竅。

值得注意的是，關於怎樣算是好的說客，怎樣算是令人信服的強大訊息，學術界和「實踐者」群體之間存在著明顯交集。成功發揮影響力的兩個因素格外突出。

首先，訊息——你所說的話，必須看來符合對方的自身利益。

其次，送信人——進行勸說的人，必須具有吸引力和可信度。

換句話說，想成為好的說客，你必須：

1. 完全覺察到自己和他人的情緒，而且能夠像專業演員那樣，在影響力的舞臺上完美地表達出來。
2. 能夠選擇（a）適當的情緒；（b）適當的訊息；在（c）適當的情境下；（d）針對適當的個人或目標對象。

聽來很耳熟吧？沒錯！想成為好的說客，你必須精於心適力。或者，更常見的說法是，重要的不光是你說什麼，而是怎麼說。了解自己的情緒而且能迅速加以調整，是幫助你適應的強大工具——無論是遊說或其他情況。

凡是看過電視的人都知道「好警察—壞警察」的老套。在現實生活的偵訊室和面試室中，這種對情緒表達的操控是從桌子另一頭的人獲取訊息的一種極有效的手段。

但還有一些我們每天都會遇到的較為微妙的情緒操控。視覺網站優化工具（VWO）——讓行銷人員和產品經理測試商品線上展示效果的電子平臺，利用三個不同的說服原則，每一個原則都利用基本的情緒系統，來最大化營收潛力：

1. **稀缺性**原則，或FOMO（fear of missing out），錯失**恐懼**症。（「存貨不多、售完不補！」和「這價位的飯店客房只剩兩間！」是兩個絕佳例子）。
2. **互惠**原則——感覺自己買到便宜貨的**滿足感**（無論你做為賣家的目標是什麼——在社群媒體上鼓勵分享，讓潛在客戶下載產品或訂閱新聞快報——都必須先提供最佳報價給顧客，讓他們受到鼓勵而做出回饋）。
3. **社交認證**原則——知道許多和你一樣的人已購買了相關產品或服務（最常見的是透過點讚、佳評和熱情推薦）所獲得的**安心感**。

下次你上網購物，只需記住這點：你正走進心適力的地雷區！

所以說，情緒覺察——第三支柱，是心適力的要件。理解、操控情緒不僅有助於說服某人購買東西，還能讓自己擺脫潛在的危險處境，正如我的鄰居珍妮佛領悟到的。

憤怒也有用處。情緒可以帶來強有力的變化，珍妮佛在被擄期間本能地使用憤怒，這在最近的科學研究中找到了依據。例如，如今我們知道，憤怒可以是一種很有效的談判工具，能讓我們在不可測的情況下獲得力量。我們往往對憤怒感到不安——而且積極地想要消除別人身上的憤怒。憤怒的人通常被認為更有氣勢，因此地位也更高。例如，憤怒的買家更有機會在手機合約上獲得較好的交易條件，而賣家回拒他們要求的可能性也小得多。

不過，如果你考慮嘗試這個策略，要小心。記住，事件背景非常重要。對那些權勢比你大得多的人發怒，恐怕只會招來惡果。他們要麼不理你，要麼以牙還牙，凡是曾經在升遷中被忽略，憤而跑去找上司「表達不滿」的人都能證明這點。然而，如果對方的力量比你小，這時生氣可能就非常有效了，尤其如果生氣得有道理的話。在珍妮佛的例子中，儘管技術上她比綁架她的兩人弱小得多，但那個猶豫不決的綁架者認為珍妮佛擁有道德優勢，她的憤怒可能會削弱他的決心。

情緒是槓桿

此外我們還知道，情緒給了我們很好的「現實檢驗」（reality check）。情緒在幫助我們順應變化方面具有重大作用，因為它們可以幫助我們從一個重要目標脫離出來，轉向另一個目標。例如，如果我們被伴侶拒絕，可能會產生一連串情緒——憤怒、懷疑、悲傷、震驚、絕望，甚至鬆了口氣。悲傷之類的情緒或許令人不快，但有助於我們從根深柢固的計畫和目標轉移開來。這類情緒能幫助我們進入「充實的空白」，然後繼續過我們的人生。透過這種方式，情緒能在我們人生的重要時刻促成有意義的方向轉變。

也就是說，情緒給了我們極大的靈活性，以決定該採取哪些行動來達成特定目標。不同於反射行為中，刺激和動作緊密連結（例如將手從炎熱的表面移開）的情況，情緒可以讓你打破這種連結，因此，當發生某種情況——例如排隊時有人擠到你前面，你的情緒可以產生多種反應。情緒讓你有機會觀察，盡可能收集多一些訊息，然後再決定該怎麼做。不妨把它們看成把想法、判斷轉化成行動的齒輪箱，所以說情緒能促進心適力所需的靈活性。

順其自然

情緒是大腦中巨量資料的表現——你所有的經歷，無論是好是壞，都儲存在你大腦的記憶庫中，而且被召來協助預測任何情況的可能結果。情緒之所以有用，正因為它們能幫助你順利透過人生的重大轉捩點。要在一個變動的世界中活得出色，你必須能更坦然地面對挫折和失敗，接納它們，將它們連同你的勝利與成功一起打包，成為一個完整、連貫的行囊。

科學、主管培訓和心理療法教給我們的第一課是，經驗是無可取代的。想要有最佳表現，你必須和日常的現實接軌。走進這世界，品嘗它呈現給你的各種風韻、味道、聲音、景象、質感、需求與挫折，以及隨之而來的有助於你駕馭各種複雜情況的一連串感受。久而久之，你的生活品質將大幅受到你的一切體驗的影響。

情緒能幫助我們交流彼此的感受。我們的感覺，或其他人表達情緒的方式的細微變化，都有助於我們了解周遭的狀況。情緒的表達提供了關於他人、可能會影響他們行為的清晰訊息。例如，當你走近一個不相識的幼兒，如果他很開心而且衝著你微笑，八成會吸引你的注意，或許還會引發一次正向、好玩的互動。反之，一個大喊大叫、怒瞪著人的兩歲孩子則會讓你退縮，免得進一步嚇著了他。情緒是複雜神經系統的副產物，能幫助我們調整不光是自己的行為，還有他人的行為，而這在幫助我們適應方面很有幫助。這也是為什麼情緒覺察是心適力的重要支柱。

為了開始我們拓展更深層的情緒覺察和理解的旅程，先探索一下情緒的源頭會很有趣。一旦了解情緒的基本性質，我們更能理解它們的作用。

情緒從何而來？

在情感科學（affective science）中，關於情感的來源有兩派說法。雙方都有一些證據，對於哪一種觀點較接近真相，仍未達成普遍共識——還沒有定論。這種不確定性是科學界的特有現象，需要靈活的腦袋才能取得進展。

所謂的「傳統觀點」（classical view）認為，最常見的情緒中有少數幾種或多或少深植在我們的大腦中。一九六〇年代，心理學和神經科學界的一種流行觀點是，人類的大腦可以被視為三個獨立的腦合而為一（稱為三位一體大腦）。這三個結構區域分別對應著不同的演化發展階段：最古老的是**爬蟲類**腦，即大腦的底部和脊髓的頂部，負責維持呼吸、口渴、心率和血壓等基本功能。在它上方，也是大腦的中央部分是**邊緣**系統，它被藏在新的皮質層底下，是我們情緒的來源。最後是**大腦皮質**，也就是包裹著大腦其餘部分的大腦外層，是將人類和其他物種區分開來的部分，掌管自制以及語言、理性等較高級的功能。

雖然這種「三位一體」模式在結構上有一定的道理，但三腦的觀念已不再被神經科學採信。然而，這個想法激發了一個影響深遠的研究領域，通常是用動物來嘗試理解情緒的生物學性質。其中有許多研究揭示了大腦中央區域——邊緣系統的一些微小結構的重要性，這些結構對我們的生存非常重要。當中最著名的是杏仁核。

杏仁核——恐懼中樞？

杏仁核是只有拇指甲大小的微小結構，被認為是大腦的警報系統，會在偵測到威脅時抑制其他大腦區域的活動。從演化的角度來看，它非常古老：如果大腦是一個俱樂部，有創始元老，那麼杏仁核就是其中之一。杏仁核對大腦皮質的影響比起受它影響來得大，這是因為從杏仁核深入大腦皮質的神經纖維比起反向的神經纖維要多得多。這種機械性安排可以讓人在專注於潛在危險時暫停「思考」。這就是為什麼當我們在浴缸裡看到一隻蜘蛛，常會因為恐懼而僵住，儘管我們的「思維」腦很清楚牠是無害的。做為警報系統，杏仁核的反應十分迅速。

幾年前的某天，我在暖陽下繞著我當時居住的劍橋郡小村莊慢跑。突然，一隻大杜賓犬從一條長長的車道咆哮著朝我直衝而來。我能聽到飼主的叫喊聲，但顯然這隻狗沒怎麼在意。狗追趕著我，狠狠咬我的腿。我想接下來幾秒，我在路上全速衝刺的速度足以擊敗短跑健將尤塞恩·博爾特（Usain Bolt）。所幸，跑了約二十米後，狗乖乖回到了飼主身邊。

我一直跑到路的盡頭，這時才不得不停下，讓狂跳的心平靜下來。我開始不由自主地發抖，過了大約十分鐘，我總算能繼續往前跑。之後好幾個月，每當跑過那棟房子，我都會穿過馬路。我再也沒見過那隻狗，甚至幾年後，儘管我知道這家人和他們的狗已經搬走，不在那裡了，每次經過那條車道，我依然會心生恐懼。

多數人都經歷過這類事件。當你受到威脅，你的身體會以一種你無法控制的獨特方式做出反應；你會感到恐懼。恐懼常被視為根深柢固的「基本」情緒的絕佳例子。恐懼情緒也會出現在其他物種身上，如靈長類動物、野鼠和家鼠，甚至昆蟲和蜘蛛。根據關於情緒的傳統觀點，恐懼、憎惡、氣憤、快樂、悲傷和驚訝等一系列基本情緒都有自己的神經迴路，或稱「指紋」，它幫助我們的祖先存活了數千年。

人最常見的一些情緒是與生俱來的這個觀點很有道理，而且在情感科學中占有主導地位多年。問題是，這種觀點很可能完全錯誤。許多不同的大腦區域之間存在著內在的相互連結，而這些區域和分隔的「情緒」迴路的概念並不相符——我們無法將特定的情緒隔絕在大腦的單一區域。現代腦部掃描技術讓我們了解到，在情緒和思考體驗中，大腦的許多不同區域會同時被激活。如果我能窺視我自己在飛奔遠離那隻狗時的大腦，肯定會看到不單是我那古老的杏仁核變得異常活躍，許多別的區域也都處於高度激活的狀態。而且，大腦演化時，並非像三位一體大腦理論所提示的那樣，以合乎常理的直線方式進行。相反地，就像公司或大學等組織會隨著規模和複雜性的擴大而進行重組，大腦也會隨著演化而不斷重組、調適。

由此可知，大腦中所謂的「思考／解決問題」部分和「情緒」部分之間的緊密相互連結，使它們能夠以不著痕跡的方式共同合作。事實上，大腦內的各個細胞群會以一種緊急應變出動的形式迅速連結，來幫助我們處理特定狀況，而這種連結是不理會邊界的。反之，如今我們知道，大腦是一體運作的一種高度整合而活躍的系統。

當然，在這樣密切整合的大腦中，仍可能存在著負責不同情緒的獨立腦細胞群——通常稱為迴路。這很合理，不是嗎？當我跑步遇上一隻攻擊性強的狗，獨特的恐懼迴路可能會起作用，幫助我逃脫。然而，這點可能也錯了。或許令人意外，但看來確實很難找到令人信服的證據，足以顯示恐懼、憤怒、厭惡或任何情緒背後有個別大腦迴路做為基礎。

描述情緒沒有想像中簡單

不僅腦部掃描很難標出情緒迴路的精確位置，當我們要求人們描述自己的情緒，這些描述也並未完全符合我們預期中的「恐懼」、「悲傷」、「愉悅」和「憎惡」等熟悉類型。想想看。試著把害怕的感覺用言語表達出來，接著解釋一下生氣是什麼感覺。如果拿掉情緒的**起因**，你真的形容得出恐懼和憤怒的感覺有什麼不同嗎？很難，對吧？

許多心理學研究顯示，實際上這根本做不到。相反地，人們描述的是較廣泛的情感體驗層面，包括某種感覺有多強烈，感覺有多正向或負面。這樣的結果讓研究人員警覺到，傳統的情緒觀點可能並不正確。如果我試著描述那次和狗之間的驚恐經歷，甚至試著描述多年前我害怕溺水而緊抓住跳水柱的恐懼感，勢必都很難避免身體的描述。在兩種情況下，我都記得我的心臟在胸口狂跳，渾身搖晃，口乾舌燥，之後，在兩種情況下，我也都經歷了一陣難以控制的顫抖。其中一次我變得僵硬、無法動彈，另一次我飛快地跑開。至於那是什麼**感覺**？只能說感覺很不舒服，很緊張，除此之外真的很難形容。

而且我不是唯一這樣的人。這是情緒研究中常見的現象。

情感生活的基石：激動度（arousal）和感覺調性

我們賴以建立情感生活的基礎，似乎主要關係到某種情況有多**令人激動**，以及它是不是**正向**等廣泛層面，而不光是一組看來很直覺性的不連貫情緒。判斷一種情況或對象是正向或負面——心理學稱為正負向（valence）判斷，和本書開頭提到的「感覺調性」概念十分接近。正念老師告訴我們，針對某件事是愉快、不愉快或不確定的感覺——「感覺調性」，能指點我們什麼是重要的。這和當代的情感研究是一致的，這種研究顯示，情感是大腦中的一種追蹤系統，能提醒我們什麼事感覺穩當，什麼事感覺不妙，好讓我們知道該避開哪些體驗，接納哪些體驗。

很重要的一點是，和大腦皮質**以及**皮質下部分有關的大腦迴路，都能維持、強化對日常事件的負面或正向理解。這些結果證實了，大腦是以一個利用多個不同區域來處理各種情緒狀況的高度流動、連結的系統在運轉的。我們已在第六章看到，在處理情緒狀況時，認知彈性對於保持大腦的順暢運轉極為重要。大腦是以高度整合的方式運轉的這個新興觀點讓我們進一步了解到，為何情緒以及我們對情感生活的覺察，對於心理靈活性——進而對心適力，是如此重要。

情緒的心適力

認為大腦是一臺預測機器——而且是一個高度活躍的運作單位的新興觀點告訴我們，我們不需要好幾個僵硬的大腦迴路來實現正常的情感生活。相反地，少數幾個一般程序也就足夠了。一個能評估外在事件正負向（是吉是凶）的程序，一種能快速對該事件進行分類的能力，以及將這些程序和身體內在訊息整合起來的能力，就是幫助我們在當下做出適當反應所需的一切。這就是人的情感是「活生生」（on the hoof）構成，而非固定不變的這一概念的核心所在。

這告訴我們，當身體的各種變化獲得它們無法獨力執行的心理功能時，就會轉化成一種情緒。換句話說，我們的情緒是來自三樣東西的結合：高度靈活的大腦，對大腦所在環境的深入了解，以及身體發出的內在信號的意義。這觀點來自於對大腦運作方式的更廣泛理解。根據這項論點，所有的心理狀態都是當人的想法、感覺和感知在某一刻全部融合在一起的產物。重點是，這種臨時的融合是為特定情況量身定做的，是透過借鏡以往的類似經驗而產生的——有助於形成我們對新情況的反應。這種情緒建構論（theory of constructed emotion）為我們提供了一種極為不同的看待情緒的方式。

就拿我逃離狗狗的恐懼經歷來說吧。根據這一理論，當我看到狗向我衝過來，大腦內的基本生存迴路指出需要馬上行動（**激動度**），情況很糟（**正負向**）。與此同時，我的思維腦將這一事件歸類為「可能很危險，也許很可怕」。利用我過去經驗的基本要素，當我以前被一隻有攻擊性的動物追趕時——一個特別難忘的例子是小時候在海邊被一隻螃蟹追著跑，我的大腦會迅速預測出我的身體需要做什麼來應對當下的情況。正是這些預測導致了腎上腺素激增，讓我得以全速奔跑，逃離危險。隨後我把這次經歷歸類為「可怕」，則是讓當時我感受到的各種激動情緒從此有了意義，成了**恐懼**的實例。

這些觀察迫使我們重新思考關於情緒的看似直覺性的所有一切。就我個人而言，做為一名在古典傳統下接受訓練、工作多年的科學家，我花了很長時間才接受這種新觀點。雖然常常感覺不太對勁，但不斷增多的證據讓人越來越難否定這個觀點，也就是情緒在很大程度上是建構的，而非我們天生固有的。

情緒是建構的，而非生而具備的這個觀點顯示，情緒是透過一種將當下情況相關的各種身體的物理變化——如心率增加，加以分類的程序而產生的。當你性興奮，當你進行高強度體能訓練，或當你飛奔逃離一隻惡犬時，你的心率都可能加速。在每一種情況下，物理變化（每分鐘心跳次數的增加）通常是一致的，但是你理解情況的方式完全不同。這給了我們一個非常不同的看待情緒的視角。它們不是固有的，而是靈活地被創造出來，以幫助我們因應多變情勢的需求。這點清楚說明了為何情緒對靈活性如此重要。如果情緒是以這種方式建構的，而不是像傳統觀點所認為是天生固有的，那麼就為我們創造了機會，可以操控、改變我們的情緒反應，以促成心適力。舉個例，這讓我們可以改造對情況的理解，因而改造我們的情緒。例如，把逼近的公開演講或提案重新解讀為一種有趣的挑戰而非威脅，實際上可以改變所產生的情緒。

大自然常創造出各式各樣有助於解決不同問題的解決方案。如同傳統**生物學基礎的情緒**觀點，**情緒建構**觀點也是基於演化假說，不過演化的部分不同。重要的是少數幾種較為一般的程序，而不是分別負責每一種情緒的大堆特定迴路。這概念十分簡單明瞭。大自然不會為每個特定的問題開發一種特定的解決方案——這麼做效能太低了，而往往會開發出一小套程序，用來解決各種完全不同類型的問題。比起為特定情況而設的程序，這樣的一般程序效率高得多，也更有彈性。再強調，情緒建構的觀點提示我們，了解情緒如何產生，對於了解如何保持心理靈活至關重要。

這種想法在心理學上有著悠久傳統。這項假說是，我們如何感知物體，我們的注意力被什麼吸引，我們如何記憶、分類事物，甚至如何學習新事物，這些都是可以應用在許多環境下的各式各樣的程序。一個很好的例子是眾所周知的人的短期記憶力的極限。我們知道，人通常能記住大約七個項目，加減兩個。也就是說，如果我們給人們一份二十個項目的清單，要他們盡可能多回想一些，成功想起的平均數量是七項，多數人記得的項目在五到九個之間——七個，加減兩個。無論清單包含的是寶可夢人物、超市手推車裡的商品、單字或數字，都有同樣的極限——無論內容如何，短期記憶力都受到普遍的約制。

情緒有什麼作用？

當然，討論到這裡，出現了一個根本性的問題。知道情緒是從哪裡來的，是在哪裡製造的——是「內建的」還是「在運行中建構的」，能不能讓我們洞悉它們實際上有什麼作用？畢竟，情緒是我們意識中最主觀的部分。我們或許會描述類似的情緒體驗，例如伴隨著喜悅的那種特別的輕飄飄感，憂心和恐懼帶來的胃抽搐，或者焦慮帶來的莫名顫抖——但沒人能真正了解你的感受。前面說過，科學家對於情緒是如何產生的尚未有定論——有些人認為大腦中有遺傳的情緒迴路，另一些人認為情緒是多種不同程序在一時激動下短暫結合在一起的產物。但是我們在墜入愛河、驚恐或極度傷痛時所感受到的強烈情感，對我們來說可能比任何這類解釋都來得真實。

為了回答情緒「為何」存在的問題，讓我們暫時走出實驗室，投入日常生活。首先，我們確知的一件事是，情緒提供了來自我們身體的內在訊息。我們的感覺起著信號的作用，能告訴我們諸事順利，或者諸事不順——也就是正念傳統所說的「感覺調性」。它們釋放出強大的意念和意象，充滿了我們整個人。那可以是破壞性的，讓我們裹足不前，也可以是激勵性的，鼓舞我們繼續前進。身體的感覺和強大的意念串聯起來，引發了行動，鼓勵我們以最適合當下情況的方式行事。想像一下，半夜走在漆黑冷清的街上，突然被一名搶劫者拿刀攔住。對多數人來說，凌駕一切的恐懼將會「說服」我們交出貴重物品，只求盡快脫離險境。可是對我丈夫的一位特種部隊士兵朋友來說，這樣的事件恰恰構成一種「戰鬥號令」，成了他從酒吧回家途中的「有趣」插曲。他兩三下便讓搶劫者繳械，將他反手按倒在地，然後用手機報警，讓他就逮。他的最主要感覺不是恐懼，而是興奮——結果也截然不同。

不同的情緒可以激發不同的行動，給了我們在特定情況下該如何反應的靈活性。恐懼會導致你逃跑、搏鬥甚至僵住。悲傷會驅使你放棄、鎮定下來或展開遠離一個珍視目標的過程。愉悅感可能會鼓舞你接近並保持你所處的愉快狀態，憎惡感則會促使你避開某件討厭的事物。當然，在現實中，我們的感覺無法像這樣被清楚歸類，但這些情緒體驗大致上可以被歸為愉快或不愉快——「感覺調性」，進而幫助我們決定該堅持或改變行動方針。

負面情緒是有益的

你所有的情緒，即使是極度不愉快的情緒，對於獲得心理健康和幸福都是重要的。負面情緒——如憤怒或恐懼，關係到凶險事物，能凝聚你的注意力，幫助你專注於可能給你或你的親人帶來傷害或阻礙的重要問題。這也是它們常會讓人感到難以招架的一個原因。

或許是意料中事，負面情緒往往更能吸引你的關注，而且「很難侍候」。感覺不舒服會促使你避開會產生這種感覺的情況，這或許是件好事。例如，如果某一群朋友總是讓你陷入沮喪和氣憤，那麼你可能會明智地加以考慮，決定少和他們在一起。然而話雖如此，你不應該迴避不愉快的感覺本身。如果你持續地避免壓力或不適，你的視野會受到限制，因而無法達成你想要的。

當我們研究那些在艱困時刻堅韌不拔，在挫折中達成目標的人，會發現他們的一個共同點是有能力處理難過的感覺，只要那符合他們的長期目標。例如，如果要求升遷的想法很可怕，你可以決定不提，來讓自己感覺舒坦些。短期內這或許很令人安心，可是對你的事業發展沒什麼幫助。就像運動選手不會喜歡在寒冬一大早起床訓練，但他們知道，為了達成目標，必須要習慣。

回到齒輪箱的比喻。想像一下，我把你大腦中的恐懼感全部消除三十分鐘，然後要你坐上汽車駕駛座。你認為你能撐多久？什麼能阻止你在急轉彎路段超越那位以龜速開車的老太太？下次你開車安全回到家，要記住恐懼也有功勞。同樣地，想像一下，如果我將你大腦中的憤怒和挫敗感全部抹除，然後要你坐上談判桌，你認為你最終會帶著多少成果離開？恐懼、憤怒和厭惡等負面情緒很重要，因為它們迫使我們專注於具有威脅性的事件和事物。這就是為什麼我之前說的「陰雨腦」（rainy brain）——那些提醒人注意危險和威脅的腦程序，總是比正向、有益的事件更能吸引你的注意。

正向情緒的好處

儘管負面情緒十分重要，人生當然最好還是能多多體驗正向的感覺。我指的是各種顯著的正向情緒，而不單是一種泛泛的快樂（最常見的包括喜悅、感恩、寧靜、關注、希望、自豪、樂趣、靈感、敬畏、愛和好奇心）。正向情緒往往會擴大我們的注意力，拓展我們的思維，激發我們的創意。

正向情緒之所以令人振奮，是因為它們激勵我們想要更多類似的東西。這種情況在大腦中賴以發生的機制有些令人驚訝。正向體驗會以各種方式觸發我們大腦中的獎賞中心——**伏隔核**（nucleus accumbens）。這個獎賞中心可分為兩部分——一部分讓我們**喜歡**事物，另一部分讓我們**想要**它們。「喜歡」部分會釋放荷爾蒙，如腦內啡，而這種激素是天然分泌的鴉片劑，會帶給我們愉悅感（「喜歡」），而「想要」部分則會釋放化學物質多巴胺，會讓我們追求更多同樣的東西（「想要」），並且增強我們堅持下去的能力。

重要的是，想要不必然伴隨著喜歡（因此我們不見得會喜歡自己想要的東西）。我認識的許多職業運動員都很想訓練，但並不怎麼欣賞那種景象。大部分毒癮者都會來到一個對毒品又愛又恨的階段。事實上，我的一位司法精神科醫師朋友告訴我，許多戀童癖者痛恨屈服於自己的慾望。

那麼正向情緒就是強大的動力。許多研究顯示，正向體驗能讓我們變得開放一些，它們能開拓我們的視野，增強我們的好奇心。當你充滿正向的感覺，你的興趣會變得更廣泛，創造力也會增加。而且它們不僅能擴展我們的注意力，經證明還能增強我們切換任務的能力。

當你心情愉快，你的思維過程也可能變得更周全，進而顯著改善你的決策。在一項研究中，一群醫學生，有的得到意想不到的禮物，有的聆聽激勵人心的音樂，這導致了正向情緒的增加。對照組的學生沒收到禮物，聆聽對情緒影響不大的中性或有點傷感的音樂。心情愉悅的學生能更快地做出正確決定，當被要求根據幾個關鍵症狀進行診斷，他們也能較果斷地做出決定。研究發現，即使是經驗豐富的醫生，在心情好的時候能更有效地診斷特定疾病，也較不會被原本的期待「錨定」。

簡單地說，樂觀的醫生較能接納新訊息，甚至和他們既有想法相衝突的訊息。當他們在某情況的不同面向來回切換，他們的注意力被擴大，心理靈活性也增加了。不光醫療行業如此。正向情緒體驗可以引導我們每個人多方面地考慮事情，讓我們的評估更能回應當下環境，也較不容易受到偏見的影響。

正向情緒能支撐心理韌性

正向情緒和心理韌性也是緊密相連的。紐約市九一一恐攻事件發生後，人們可想而知經歷了各種情緒，對恐怖分子的憤怒、恐懼和敵意非常普遍。然而，還是有許多人能在絕望中抓住和親人朋友歡聚和聯繫的片刻，以及對未來的希望和憧憬。接下來幾個月裡，那些能夠做到這點的人甚至短暫表現出更強的韌性。因此，當你面臨危機，記得設法尋找正向體驗，無論多麼微小，也許是和你的寶寶玩耍，給朋友打電話，或者盡情享受你最愛的巧克力。

正向體驗和情緒也可以被「儲存」起來，供情況艱難時提取使用。如果你經常經歷正向情緒，你的社交聯繫會強化；當你學會以更開闊的視角和靈活的心態去面對艱難處境，你的韌性自然會增加。多年的辛苦研究顯示，如果你經歷了較高比率的正負面情緒（3：1是經常被引用但爭議性頗大的最低比率），你會更能夠順利度過日常難題和挑戰。

如何提升正向性？

正向情緒的科學向我們展示了許多變得更積極正向的方法，即使我們正面對大堆生活難題。要謹記一個重點，少量但頻繁的正向性（positivity）可以創造奇蹟。然而，可以確定的是，當你沒那個心情卻**勉強**保持正向，可能會適得其反，結果感覺更糟，錯失了正向性的好處。我們都認識一些行為過於樂觀、積極到不切實際的人。當正向情緒明明不現實，卻努力想產生這種情緒，只是白費力氣。反之，以下幾種箴言將有助於激發正向性而不至於勉強：

- **要感恩**：這是最容易產生的正向情緒之一。問自己，在一天當中發生了哪些可以算是恩賜、令你心懷感激的事？可以是好天氣這類簡單的事，也可以是你的狗，或一大夥朋友。尋找一些讓你感激的事物，是為自己注入真實正能量的簡單方法。
- **保持好奇與開放**：保持開放和好奇心是幫助你擺脫所有負面情緒、凡事往壞處想的思維，轉而從當下處境中發現潛在好處的絕佳方法。所以，即使你沒那心情，也要試著保持好奇。
- **對人要和善**：善待他人和動物通常並不難。很多證據顯示，簡單的友善舉動能為我們帶來溫暖的幸福感，有助於整體的正向性。
- **要懂得讚賞**：如果有人幫助你，或者對你好，要讓他們知道。向他們表達你欣賞他們所做的一切。這不僅可以激勵他們，也會讓你感覺更棒。
- **實際點**：別試圖假裝正向。如果你真的很難過而且正經歷困境，不妨向自己和他人承認。只是要注意，別過度沉溺於負面情緒，而且要放在心裡。如果你遇上重大挫折，可以頹廢一陣子，但過了一段時間，就要盡量找些事來讓自己保持忙碌，找回生活的重心，擺脫低落的情緒。這比試圖表達負面情緒要有效得多。

因此，正向情緒不光是感覺良好。正向性能為我們開啟新的體驗和人際關係，激發我們的好奇心和創意。如同向陽綻放的花朵，我們將觸及生命的驚人多樣性。從這片開闊之地，你將建立起一些持久的資源——例如朋友、可以借鑑的形形色色體驗，或者人生使命感和意義，這些都將在情緒消逝多年之後依然伴隨著你。

這對所有人來說都是好事一樁！

本章摘要

- 情緒是心適力的重要支柱，因為它使得我們在應對艱難多變的情勢時擁有極大彈性。
- 大腦的所有區域都是高度相連的。
- 我們的情緒體驗可能是建構出來，而非天生固有的。
- 我們所有的情緒，無論正向或負面，都非常重要，因為它們給了我們至關重要的「感覺調性」，讓我們了解情況好壞。
- 情緒是將想法、判斷轉化成行動的齒輪。
- 雖說負面情緒有助於我們的生存，但正向情緒不應被低估。它們是促進繁榮發展、增強心理韌性的要素。

Chapter

11 學習情緒調節

我曾聽說一個有趣的故事，一位知名教授在某個大型國際會議上主講關於情緒調節（emotion regulation）的主題。演講最後的提問時間中，一位相當肥胖的聽眾站了起來。「你能不能清楚告訴我，情緒調節**為什麼**這麼重要？」他問教授。演講人冷冷盯著他看。「我沒辦法，」他回答說：「坐下吧，你這胖子！」觀眾全倒抽一口氣。他們沒聽錯吧，他真那麼說了？提問者本人也非常光火。「你竟敢在這麼多人面前這樣說我！」他怒斥。「我花了一小時坐在這裡聽你東拉西扯，真心誠意提了一個問題，你卻這樣羞辱我！」演講人立刻鎮定下來。「請你原諒，老兄，」他說：「我也不知道我剛才是哪根筋不對，我真慚愧，為了補償你，我會在演講結束後免費送你一本我的書，而且請你喝杯威士忌，我自己大概也需要喝一杯！真的很抱歉，我懇求你接受我的道歉，好嗎？」男子得到充分安撫，接受了道歉然後坐回位子上。演講人停頓了會兒，繼續他的演講。「好啦，」

他笑著說：「這回答你還滿意嗎？」

約束你的情緒

雖然了解自己的情緒、留意它們傳達的訊息十分重要，但有時我們的情緒可能會太過強烈，因此需要找些方法來加以控制。日常生活中充滿了控制情緒的各種努力。這對心適力來說非常重要。為了冷靜評估情況，找出解決當下所面臨問題的最佳方法，我們必須能清楚地觀察、思考，不受到驅使著我們衝動行事的強烈情緒的蒙蔽。當然，情緒通常對我們有好處，有助於我們在不同情況之間進行調適和轉換——這對靈活性至關重要。但它們也可能變得太超過，因此要真正擁有靈活性，我們需要在它們對情況有害無益時加以約制。多年前，當恐懼促使我緊抓住跳水柱時，它對我沒有一點幫助。相反地，我必須壓制那股恐懼，才能勇敢面對海浪，游到安全的地方。一個深陷熱戀中的人並非總能對他的愛戀對象做出最好的判斷。

我們可以從所謂新一代談話療法的其中一種，「辯證行為療法」（Dialectical Behavioural Therapy, DBT）中學到很多關於如何管理強烈情緒的方法。這種形式的治療結合了幫助人改變無益思維方式的重要性，以及對接受真實自己的強調。「辯證」的意思是試圖去理解，兩件看似矛盾的事，可能同時為真——例如接受自己，但同時又要改變自己的行為。

拿一位足球選手做例子。我曾經協助他處理酒精重度使用問題。他坦承說，他感受到競爭壓力，但又怯於向教練承認這點，於是轉向喝酒來幫助壓抑強烈的焦慮。雖然他隱藏得很好，但他越喝越兇，甚至開始一起服用鎮靜藥物。在處理他的壓力問題時，我們逐漸了解到，他的行為在試圖減輕焦慮和壓力方面是絕對有意義的。這就是接受的部分——我們沒有評判他的行為，而是同意這是他找到的一種處理壓力的有效方法，至少短期內是如此。在這同時，我們也都同意，從長遠來看，這種行為毫無幫助，而且很快就會開始影響他的表現。顯然，他需要找到處理壓力的新方法。

為此，我們探索了他真正喜歡的事，發現他一向覺得下廚是件輕鬆愉快的事。在當地市場採買新鮮食材和烹飪很能讓他放鬆，但從他搬進城裡並開始進出一家新夜店之後，就不再這麼做了。於是他安排了新鮮食材送貨服務，開始重燃他對烹飪的熱愛。這也讓他變得充滿巧思，會邀三兩朋友來家聚餐。雖然並未完全停止飲酒，但他發現自己較不那麼依賴喝酒來放鬆，而且開始用準備食材、烹飪和享用美食來取代喝酒這項活動。一個正向的副作用是，他還發現自己睡得更安穩了，而這也有助於他處理壓力。

行爲療法的控制強烈情緒小訣竅

辯證行為療法提議用以下方法來處理一切困境——找出你正處在哪一種「思維」中。

情緒腦（emotional mind）是當你透過情緒和情感來解讀情況。理性腦（rational mind）是當你透過事實和數據來了解情況。還有智慧腦，調和了情緒腦和理性腦。關鍵是，智慧腦會問，「在這個符合我價值觀的時刻，我需要做什麼？」或者，換個說法，「我該如何表現真實的我（What is my truth in this）？」光是問自己「我處在哪個思維？」便能讓你在一定程度上控制情勢。接著問自己：「如果處在智慧腦，我會怎麼做？」智慧腦當然是最能讓你的心適力有效運作的一種思維狀態。因此，培養智慧或心適力思維，對於處理困境非常有幫助。

DBT還發展出一種好用的速記口訣，來幫助人們妥善面對未來的不愉快情緒，並建立情緒韌性。每個人都可以使用ABC PLEASE技巧來幫助自己處理、跳脫充滿壓力的經驗。

- 盡可能累積多一些正向體驗（**A**ccumulate as many positive experiences as you can）
- 透過學習自己喜歡的技能來建立勝任感（**B**uild your competence by learning skills that you enjoy）
- 透過做自己的背景研究和制定計畫來克服問題（**C**ope well by doing your background research and making a plan）

- 身體疾病——如果生病或受傷，就好好治療調養（**P**hysical illness–if you are sick or injured get proper treatment for it）
- 盡可能降低陷入健康困境的風險（**L**ower your vulnerability to poor health as much as possible）
- 吃得健康——確保自己有足夠食物、吃飽喝足（**E**at healthily–make sure you eat enough and feel satisfied）
- 避免服用改變情緒的（非處方）藥物（**A**void (non-prescribed) mood-altering drugs）
- 睡眠——確保自己不會睡得太多或太少（**S**leep–ensure that you do not sleep either too much or too little）
- 時常健身（**E**xercise regularly）

這些都是非常普遍的生活守則，可以確保你保持機敏，活力充沛，有能力調節強烈情緒，進而增強你的心適力技能。做好充分的身心準備對心適力是必要的，因此這些普遍常見的生活守則十分重要。

有時需要更具體的策略

當然，有時候你會需要更具體的策略來幫助你調節情緒。所幸，你可以採取很多行動來調節特定的情緒。做工作上的重要提案時，你可能需要減少焦慮感。如果你最近失去了某位親人，你可能需要在和朋友見面之前先消除些許強烈的哀傷。雖然我們的情緒可能會有失控之虞，但有很多方法可以影響你的情緒狀態。重新思考一個困境來減輕壓力，把它分解成幾個較容易處理的部分，或者聆聽輕快的音樂來提振低落的情緒，這些都是情緒調節的例子。找到能改變你對多變環境的想法和感受的方法，可以決定你是在危機中做出良好反應，或者屈服於恐慌和焦慮。培養良好的情緒調節技能是必要的，尤其當面對的是持續的壓力情境，就像許多人在新冠肺炎疫情中的處境。

如何調節你的情緒？

關於人是如何選擇調節自己情緒的方式，我們仍然所知有限，而且這是一個新興研究領域。為了學習調節自己的情緒，你得要做出幾項決定。

- **首先，問自己是否需要情緒調節？**你需要減少焦慮感？提振低落的情緒？降低激動程度？
- **其次，選擇最好的調節策略。**不妨自問，是否可能改變自己的處境，或者讓自己分散注意力？如果你正在看牙醫，迴避通常不是明智選擇，因此聽些喜歡的音樂來轉移注意力可能會有助益。研究已發現有四種可供我們使用的一般策略類型：改變你的處境，改變你的關注焦點，改變你對當下處境的看法，以及改變你的回應方式。

- **決定如何將你選擇的策略付諸行動。**密切觀察情況，以決定是要堅持既定的策略，還是改採別的方法，還是完全中止調節的嘗試。

情緒調節是一個持續的過程，也是心適力的核心部分。下圖說明了可供使用的四種一般策略類型。

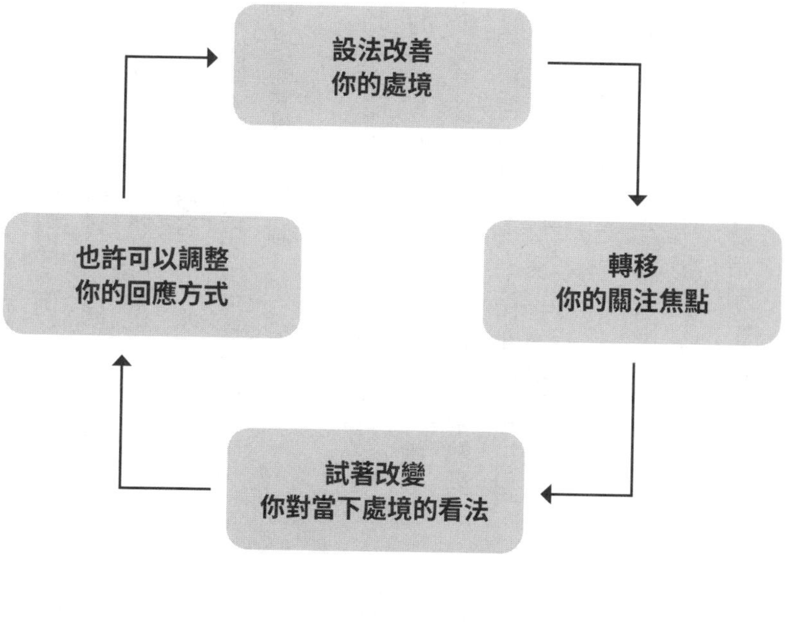

設法改善你的處境
轉移你的關注焦點
試著改變你對當下處境的看法
也許可以調整你的回應方式

有時候，如果可能的話，改變現狀是最好的方法。也因此，我全速跑離那隻好鬥的狗。在其他時候，你可能無法逃離，同等重要的是加強某些心理過程，例如要如何解讀情況，或者改變關注的焦點，以利在未來的事件中調節情緒。能夠找到不同方式去解讀、重新看待壓力情境，將會非常有幫助。最後，有一些有益的事是你可以做的，它們會直接影響你的情緒反應。這些事可能包括放慢呼吸、服用興奮劑來提升活力水平。

下一頁的表格簡單描述了我們常用來處理壓力情境和強烈情緒的幾種具體策略。大多數很有用，但有些——像是反芻思考和憂慮，極可能變得難以控制。

這裡舉個活例子，是關於我輔導過的一位成功女企業家曼蒂的故事。曼蒂因為長期焦慮來向我尋求協助——其實她的問題不是真正的焦慮，而是情緒管理。實際上，她過著令人羨慕的生活。她的婚姻美滿，兩個孩子在校表現優異，交友廣闊，她也非常熱愛她在大型建築公司的工作。她的職務是為公司爭取高利潤的新建案，工作非常繁重，但回報豐厚。根據各方說法，她非常能幹，經常贏得一些知名建案的大合約。我還不時看見她的名字出現在一些吸引人的倫敦新房地產開發案的報導中。

曼蒂的成功率並非百分百——又有誰是呢？她忍不住回想著那些她沒拿到手的合約。她會一遍遍思索自己是否做錯了什麼。難道她沒有充分表達公司的優點？為何她無法讓潛在客戶相信，她能提供比競爭對手更好的全方位服務？一旦曼蒂開始想她的工作，

設法改善你的處境

- 你或許能完全避開那種狀況。
- 也許你能用幽默感來緩和情勢。
- 尋找能支持你的朋友或同事來讓情況得到緩解。
- 有時光是關掉手機就會有幫助。

轉移你的關注焦點

- 開始注意你的呼吸——在吸氣、呼氣時數秒。做個幾分鐘會讓你「定下來」。
- 想想別的事會分散你對情緒激動狀況的注意力。
- 反芻思考或憂慮會讓你分心，儘管它們往往會讓情況變得更糟。但有些時候，反覆思索你為何會有那樣的感覺（反芻思考）或弄清楚未來可能會出什麼錯（憂慮）可能會有幫助。

試著改變你對當下處境的看法

- 退一步看清大局，重新解讀形勢的意義，甚至尋找一絲希望，通常會有幫助。這在心理學術語中被正式地稱為「再評估」（reappraisal）。
- 另一種有用技巧叫「保持認知距離」（cognitive distancing），用第三者的視角來看待自己以及你處理情緒激動事件的方式。
- 接受惱人的情況，讓自己體驗隨之而來的負面感覺，會非常有幫助。

也許可以調整你的回應方式

- 喝點酒來舒緩焦慮、讓自己放鬆，或者喝些咖啡因、能量飲料來暫時提振心情，就短期而言也有幫助。
- 壓下不愉快的感覺，笑一笑，即使你沒那心情；有時也會有效果。
- 再強調，深呼吸很有用。例如，如果你覺得非常氣憤，做幾次深呼吸可以幫助你平靜下來。
- 如果你是因為太累而對許多情況反應過度，或許可以試著多睡一會兒。
- 健身通常很有幫助。不妨出去跑步，或者上健身房，可以帶給你更多活力，讓你平靜下來。

她的大腦便陷入過去所有失敗經歷的消極想法的漩渦中，被負面情緒壓得喘不過氣。曼蒂沒有珍惜她頻繁的成功，卻被偶爾的失敗弄得灰心喪志。

我們透過四個小組分別提出的幾種策略來共同解決問題。曼蒂意識到她是利用憂慮來讓自己的心思集中在那些沒能成功的事情上——這種對負面事物的關注必須更改（**更改關注焦點**）。因此，她藉由和一些同事分享她的憂慮，並經常敘述事情為何沒成功的有趣故事，相當程度改變了現狀（**改善處境**）。她還積極嘗試放大格局，並意識到沒人能百戰百勝，來重新解讀現狀的含義（**改變你對當下處境的看法**）。她不再只注意失敗的事，而學會欣賞自己的成功並考慮到它的複雜因素。最後，她還確保自己時常健身，有更好的睡眠，藉以減輕緊張感，同時她也學習了深呼吸練習，每當開始感到緊張時就可以做（**改變你的回應方式**）。久而久之，曼蒂學會了管理、調節她的憂慮和負面情緒。

如你所見，情緒調節是一種持續不斷的過程，就像心適力本身。我們並不是有了一種情緒，然後著手調節它，而是持續不斷地體驗多種情緒，也就是說，我們非但要不斷地傾聽自己的情緒，還要決定是否需要加以調節，以及，如果必要的話，選擇最佳方法。就像曼蒂的情況，採取多種不同策略通常是最好的解決方案。

許多人可能會被負面情緒擾亂，並且難以調整自己的消極想法，這會破壞我們的心適力技巧。我們天生愛關注負面訊息。一方面，這很容易理解。我們的大腦照例會放大潛在危險而不是潛在獎賞，因為對我們的祖先來說，為了生存，注意到威脅比注意任何事都來得重要。對多數人來說，負面情緒是貓薄荷。當這些想法成為一種習慣性反應，或者變成臨床心理學家所說的「自動化負面思維」（Automatic Negative Thought, ANT），問題就出現了。這時我們對每一種狀況的本能反應都是消極想法，而且一個引出另一個，又一個——換句話說，這時我們再也無法調節負面情緒。這些ＡＮＴ是私密、無孔不入而傷神的。如同我的客戶曼蒂發現的，它們能全面入侵你的生活，破壞你的幸福。

要記住的一個重點是，這些負面偏見不見得是壞事。有時對潛在危險保持警覺是必要的。這就是為什麼我們每個人都會有消極想法，而這些想法不必然會帶來抑鬱和焦慮。問題不在偏見本身，而在人運用它的僵固性。受困於抑鬱或焦慮的大腦的一個主要特徵是，容易深陷在這些習慣性、重複性的思考方式當中。我們的內心小劇場輕易便能將我們困住。因此，情緒調節的一個重要面向常常是，設法讓你的消極想法不至於失控。沒有什麼比陷入沒完沒了的憂慮和反芻思考更能破壞你的心適力技能。

如何管理負面思維？

因此，重要的是學會管理消極想法，弄清楚它們何時有益，何時有害。有很多方法可以讓你「重構」（reframe）看待事物的方式。假設你希望在工作上表現得更為果斷。仔細想想你為何不夠果斷。是因為你擔心被視為「霸道」？想想該如何重新思考這些無益的念頭。可以寫下你的一些信念，例如「如果我變得更果斷，大家會不喜歡我」或「如果我要求加薪，老闆會認為我很傲慢」，然後用以下問題加以審視：

- 該信念是不是非黑即白，沒有模糊空間？
- 該信念是不是以偏概全？像「總是」或「從不」都是危險用語。
- 該信念是否假設你知道別人是怎麼想的？
- 該信念是否專注在消極面？
- 該信念是否包含了你認為「該去做」或「應當去做」的元素？
- 該信念是否怪罪他人？或者把你塑造成受害者？

驚人的是，在這些問題的檢視下，信念常會失去威力。像這樣扮演偵探，審問你的信念，往往會顯示出它們是基於你自己的一套嚴重偏頗的假設，而不是基於事實。將「我太霸道」重新界定為「我正努力達成獲得升遷的目標」或「我的加薪要求很合理」這件事打下了基礎，這將幫助你經常挑戰自己的觀點，最終會讓你變得不那麼僵固，變得更加靈活。你需要把目光放遠，避免太過關注自身的問題。不再將鼻子湊在畫布前，糾結於事情**為何**會發生的微小細節，而要拉開距離，開始考慮可以**如何**解決當下的情況。

把「爲何」問題改成「如何」問題

許多研究清楚顯示，沒有什麼比反覆思索自己為何會遇上這種衰事更能讓人不開心。消極的內心小劇場，例如我為何會得癌症；我的男友為何離開我；為何我沒被錄用——可能變成掙脫不了的死結。所以，每當你出現這類「為什麼」或「如果當初」的念頭，問自己一些「如何」或「什麼」的問題：我如何能讓自己心情好些？此刻我能做些什麼來改變現狀？

臨床心理學家發現這種簡單的技巧效果奇佳。正在和創傷後壓力症候群搏鬥的人通常會不斷思索事故或創傷為何會發生，而這只會讓他們深陷在負面思考當中。發現這點，並把它轉換為「我該怎麼做才能繼續我的生活？」的問題，可以切斷這種負面思考循環的重要燃料，神奇地讓人產生變化。一旦你把重心放在「如何」和「我能做什麼」的問題，「為什麼」的問題似乎就沒了力量，你就可以開始擺脫胡思亂想，重新開始生活。

重構情境也是一種強大技巧

重構，有時被稱為「認知重構」（cognitive restructuring），能幫助你控制你在不同處境下的反應。我們來看看另一個真實例子，看看這是如何運作的。約翰是一位健康結實的三十八歲男子，曾在鎮郊一家大型工廠擔任保全。他通常上夜班，晚上多半沒什麼事，因此他必須面對的最大問題是無聊，並盡量確保自己不會睡著。然而，有天晚上，三名男子襲擊了值班的約翰。其中一人打了他一拳，另一人拿槍指著他，要他躺在地板上。約翰嚇壞了，待在原地不動，直到確定搶劫者已經離開。搶劫案發生兩年後，他仍然患有嚴重焦慮症，經常害怕到不敢出門，害怕在晚上工作。

我讓約翰把他的消極想法和信念寫在日記裡，持續一週。一週後，當我們一起翻閱這本日記，很明顯約翰的大部分消極想法都和害怕再度被攻擊有關。我要他評估他再度在工作中遭襲的機率，他估計大約是八成。接著我鼓勵他使用基本或然率法則來挑戰這個信念。

「你值夜班多少次了？」我問。

「不下數百次，」他回答。

「好，就說兩百次吧，」我提議。「那麼，在以前那麼多次值班當中，你被攻擊過幾次？」

「沒有。」他回答。

「好，那工廠其他的保全人員呢？他們被攻擊過多少次？」

「過去十年裡，一次，」他說。

當我們繼續往下探索，約翰清楚發現他大大高估了他再次遇襲的可能性。當然，還是可能發生，但這種事顯然非常罕見。我讓他重新評估他被攻擊的機率，這時他表示大概在1%左右，和他之前貿然相信的80%差了一大截。約翰慢慢地開始重構他的負面信念，認知到他再度被襲擊的機會實際上極低，而且不比其他人多。這種新的信念，這種重構，減輕了他的焦慮，幫助他重新展開正常的生活。現在他已經能思考「如何」的問題，並找到開始享受人生的方式。

情緒調節技巧的靈活運用是關鍵

感覺的**重構**和感覺的**壓制**往往形成鮮明對比，後者是許多人試圖無意識地去做的。這就好像是告訴一群在暴風雨中乘著小船出海的孩子，一切都會平安無事，縱使你自己緊張得不得了。我們常認為壓抑情緒是不健康的，研究也顯示它和心理障礙有關。然而，就像心理學和生活中的許多事情一樣，這事沒那麼簡單。我們能夠從心適力學到的一個極重要的課題是，任何策略的成效如何，很大程度得視情況而異。

事實上，許多研究發現，真正重要的是使用不同情緒調節方式的靈活性，而不是任何特定策略本身。例如，在紐約市九一一恐攻事件發生後，一項研究追蹤了一群十八歲學生，共計百人，為期兩年。事件發生後不久，學生們來到實驗室，被要求觀看一系列高度正向或負面的令人激動的圖像。對其中一些圖像，他們被要求「盡量充分表達你感受到的情緒」，而對其他圖像，他們被要求「盡可能抑制你觀看圖像時感受到的任何情緒」。每個學生這麼做時都被拍攝下來，並且被告知另一個人將會猜測他們是否感覺到情緒。因此，在表現和隱藏情緒兩種情況下，他們都必須盡力讓觀看影片的人能弄清楚他們是感覺平靜或焦慮。有些人真的很擅長壓抑自己的感受，有些人擅長表達自己的情緒，有些人則兩者都擅長，並且能夠根據指示輕鬆做出調適——不管是隱藏或表達。事實證明，靈活使用**兩種**策略的能力對於復原機能至關重要。值得注意的是，那些能夠在這個簡單任務中更靈活地表達、隱藏情緒的學生，在恐攻發生兩年後再次接受測試時，比那些只擅長其中一種策略的學生表現出較少哀傷。

我們從中學到的重要一課是，要以最適合當下所面臨挑戰的性質的方式，靈活應用情緒調節策略。選擇正確策略很重要，我們的經驗通常是最佳的指引。也因此你的身體會隨時提供有關周遭世界的最新訊息，而這些信號會促使你的大腦不斷調整你的行為。所以學會傾聽自己的身體和情緒是很重要的，這是心適力實踐者必備的關鍵技能。覺得冷就喝杯熱湯，覺得累就暫時停下手邊的工作，休息一下。同樣地我們的情緒調節也需要不斷做出適應。一方面，我們要靈活些，以便隨著情況調整自己的情緒；另一方面我們要真實些：我們必須忠於自己。

接受自己原來的樣子——管理情緒的有效方法

有一種建立在靈活性和真實性兩個原則之上的強大心理治療方法，叫作「接納與忠誠療法」（Acceptance and Commitment Therapy, ACT）。ACT鼓勵我們要面對自己原來的樣子去解決問題，而不是拚命試圖改變自己。主要原則很簡單：你的行為必須始終忠於你的核心價值，也就是為你的人生帶來意義的東西。所謂ACT也就是採取**以價值觀為本的行動**，來激發真正的行為變革。重點是：

- 接受你的想法和感受，活在當下。
- 選擇一種符合你的價值觀的前進方向。
- 採取適當的行動。

這是建立價值觀和目標之所以重要的另一個原因（正如本書前面用了不少篇幅討論的）。重點是全心接受負面情緒和想法做為你人生的正常現象，然後善用你的精力，投入一些你真正珍視的活動。

你的想法無法說明現實

要「甩開煩惱」，調節你的情緒，變得更靈活，你必須了解到，你的想法，無論多麼強大，都不是對「現實」的實際描述，而是你個人經歷的象徵。這是很大的差異。你的想法對於了解你的為人很重要，但它們不一定能讓你對外在世界有真實的了解。人們會有和現實狀況關係不大的千奇百怪的信念。若誤以為自己的消極想法足以代表純粹的真相，可能會導致難以言喻的苦惱。

我輔導過的一個人，艾倫，向我解釋，他多年來一直情緒低落，提不起勁。「這是身體問題，」他向我保證，「不是心理問題。」他五歲那年遭遇一場車禍，儘管沒有受傷，艾倫確信當時他發生了不明腦損傷，而這正是他活得很沒勁、覺得人生乏味的原因所在。他的解決方式是每天花大量時間整頓自己的生活，靠著反芻思考和憂慮來試圖弄清楚他是什麼時候開始注意到自己的問題。他堅信那次事故是導致他的大腦「運作」起來和別人不一樣的關鍵因素。

因為這個信念，艾倫的生活停滯了很多年。他接受了腦部掃描，和許多神經科醫生、精神科醫生和心理學家談過。沒人發現有什麼問題。我溫和地暗示他大腦的主要問題不是生理上的，而是反覆的負面思維本身。我讓他看幾項研究，這些研究顯示，像他這樣僵化而固執的信念，以及對它們的反芻思考，是常見且無效的應對方式。雖然他同意那些研究，但堅持認為他的情況不同。他認為，他之所以反覆思索，因為他的大腦出現了生理性異常。「探究反芻思考本身，」他說：「毫無幫助。」

最後，真正幫了艾倫的是採取一種較為靈活的方法，學著接受他自認為大腦受損的這個信念只是一種可能是真的、也可能不是的想法。一旦他開始真正考慮他的信念可能是錯誤的，他就走上了康復之路。當然，邁出這一步說來容易，做起來難。就艾倫來說，他在經過兩年的輔導，加上認知行為治療師的協助之後，才有了突破。

有時，和艾倫一樣，我們必須承認，反芻思考作為一種探究你的生活為何陷入困境的策略，並不是最有效的方法。有時，就像他的情況，當你承認了你的信念是對是錯其實沒那麼重要，突破就會出現。與其努力弄清楚自己的大腦到底出了什麼問題，更好的方法是讓自己的日子過得更充實之類的——探索「如何」而不是「為何」。

和自己的感覺接軌

增進心理健康、強化心適力技能的一個方法是，學會深入探索自己的感覺。試圖壓抑感覺來調節自己的情緒是很自然的，但通常沒什麼效果。在許多情況下，學著去體驗、接受自己的感受，可能是調節壓力和焦慮的有效方法。

表達性書寫（expressive writing）是達成這目標的一種極有效的方法。有一項研究包括了一組在同一家公司工作了二十年後被裁員的電腦工程師，要他們寫下對於失去工作以及他們的個人和職業生活如何受到影響的最深刻的想法和感受。另一組也來自同一批剛被裁員的人員，他們只被要求寫下當天的計畫和求職活動，而不去想自己的感受。

結果令人吃驚。表達性寫作組的人不但心情好多了，所經歷的心理健康問題較少，而且有將近一半的人在八個月內找到了新工作，而對照組只有五分之一。學著藉由寫下自己對不同情況的感受來接納自己的情緒，能幫助你重新調整你的人生態度。只是要注意。研究顯示，表達性書寫，尤其是關於令人不安的情況，一開始可能會非常不舒服。然而，大約兩週後，這些初期成本逐漸消失，收益開始浮現。所以，要堅持下去，因為表達性書寫的好處是久遠的，而且會對你的幸福感產生廣泛的正面影響。

當然，接納自己的負面情緒和耽溺其中兩者間的界線非常模糊。這事沒有特定法則，但久而久之多數人都會看出其中的差異。一項研究顯示，心理健康的關鍵既不是埋藏自己的負面情緒，也不是久久沉溺在其中。在好幾項不同研究中，針對這方面的調查發現，接納負面情緒並不會導致沉迷的增加。事實上正好相反，接納負面情緒會減少對它們的反芻思考。它們一旦完成任務就會消失。要記住，情緒生來就短命——它是由不良感覺所引起、導致持續沉溺狀態或長久不良感受的一種思緒和反芻思考，正如艾倫的經歷清楚顯示的。當我們將負面感受視為過眼雲煙，就更可能突破難關，欣欣向榮。

學習突破界限

一旦你對自己的情緒較熟悉了，就可以開始尋找可以擴展自己的方法。我曾輔導一位剛獲得升遷的高階主管安卓雅，她很畏懼公開說話。多年來，她藉由壓抑自己的感受或逃避來應付這種情況。兩種策略用來處理這種情況都不是太有效。但現在，在她的新角色中，安卓雅再也無法迴避面對大群人說話，也意識到她必須克服自己的恐懼。對這類情況最有效的是一系列小調整，姑且稱作分級曝光法。於是，我們一起找出安卓雅感到安心的級數。她在大約六人以下的會議中表現得很好，但一想到要起身對著六十人的群體說話，她就真的嚇呆了。「四十個如何？」我問。「恐怖，」她回答。「那二十個，或十個？」我又說。「十個應該還可以，」她同意。

我召集了十二名學生，請安卓雅對他們做一次簡短演說。學生們都很投入，而且令她意外的是，她真的很樂在其中。又練了幾次之後，她的信心逐漸增強，也了解到事情不像她想的那麼難。透過一種不過於激烈的方式挑戰自己的極限，她學會了調節自己的恐懼。

在安全環境中勇敢面對恐懼能幫助你進步，壓抑自己的感受或迴避難關則沒辦法。關鍵是設定可以讓自己增長但不會把你難倒的短期目標。

學會遠離無益的想法或感覺

無論是對學生或者我輔導的客戶，我常使用的一個比擬，是我們的舒適區就像在野生動物園裡散步。所有的動物——我們的「危險」或「不安」情緒，都被好好安置在圍場內，我們可以平安地遠遠觀察牠們。然而，一旦打開圍場的門，情況又不同了：大恐慌！

當然，如果我們在處理這些「狂野」情緒方面受過訓練，多點知識，就能讓情況變得不那麼令人生畏了——就像安卓雅最終學會「馴服」她對公開演說的焦慮。可供選擇的技巧很多。例如，其中一個來自正念練習，用來幫助你找到方法在自己和無益思維之間創造距離，輕鬆控制它們的來去。

「擴散練習」（practice of diffusion）就是非常適用的技巧。重點是寫下幾個自我評斷的消極想法：「我很胖」、「我很無趣」或任何讓你有感的東西。接著挑選其中一個，花大約三十秒的時間全神貫注，盡可能讓自己徹底相信該想法。接下來，用「我認為……」做開頭來複誦這個想法。例如，你可能會說，「我認為我很無趣。」這樣進行幾秒鐘之後，接著再在原來句子中加入「我注意到我認為……」做為開頭。接著用同樣方式套用在各種消極想法上，直到你開始發現，和它們拉開距離並不難。保持距離是一種強大的心理工具，可以讓你了解到人的思維可以來來去去，而且不見得和現實相關。

憂慮椅

我特別喜歡的另一種技巧是「憂慮椅」。憂慮會助長負面情緒，因此調節不良情緒的好法子是有效管理憂慮。找個安靜的房間，在清爽的位置放一把椅子。坐上椅子，連接上某個在你腦中縈繞的消極想法或憂慮。例如，你也許擔心下週的績效評估結果不盡理想。同樣花一、兩分鐘，讓自己沉浸在關於這種負面信念的各種想法之中，認真想像評估結果真的糟透了。也許你的上司相當關切，給了你一段試用期來改進。留意你的感覺有多麼艱困悲慘，讓自己沉浸在那種感覺中。當你感受夠了，走到房間另一頭，注視、觀察著那個憂心忡忡的自己，就好像你還坐在椅子上。留意那個你看起來有多悽慘，然後做出選擇，認同那個「憂慮的自我」，回到椅子上，或者認同此時這個只是看著另一個我的「觀察的自我」。

這項技巧是另一種強大心理工具，可以幫助你將自己和憂慮及其相關的負面情緒隔離開來。漸漸地，你將學會在兩種視角之間輕鬆轉移。在伴侶去世後傷心欲絕的人可以藉此學會和「悲傷的自我」保持距離，但在某些時機，例如結婚週年紀念日，他們還是能認同那個悲傷的自己，懷念他們的摯愛。

自我談判療法

第三種技巧被我稱作「自我談判療法」（self- negotiation therapy），有點類似「憂慮椅」，是我將衝突解決（conflict resolution）技巧加以改造，並經常用於輔導工作的一種療法。大部分人質談判專家都會遵循五個步驟，來讓對方了解自己的觀點並改變他們的行為。你或許永遠不需要和某個試圖從大樓窗臺跳下自殺的人交談，或者和武裝的陌生人交涉，但這些步驟對於解決許多日常情況同樣非常有用：

- **積極傾聽**：花時間真誠聆聽別人想說的話，不要打斷。
- **同理心**：試著理解他們為何會有那樣的感受。

- **親和感**：利用社交技巧建立友好氣氛，也許是發揮幽默感，或者告訴他們一段你自己的關於類似感受的經歷。
- **影響力**：一旦建立了親和感，並對當下情況有了進一步了解，或許可以非常委婉地說服對方做幾次深呼吸，談得更深入些。
- **行為改變**：順利的話，這時對方會逐漸改變他們的行為和計畫。

多數人很容易跳過前三個步驟，直接嘗試解決問題，尤其在情勢緊迫的情況下。然而，老練的談判者會告訴你這是行不通的，因為傾聽是最關鍵的一步。唯有真心誠意地聆聽，你才可能逐漸了解對方的立場和他們的感受。一旦有了這份同理心，你就可以建立親和感（rapport），讓對方開始信任你。到了這時，你們才能開始試著共同解決問題。在這過程中的每一步，好的談判者必須不斷調適，保持彈性，同理對方的處境，平息情勢，同時由始至終掌控自己的情緒。

要記住，處在緊要關頭的人不想聽，他們想要說話。想想上次你怒火中燒的時候：你有興趣聽對方在說什麼嗎？我想沒有。當我們身處危急時刻，往往被強烈情緒牽引著，無法理性行事。在這情況下，最重要的是要傾聽，真正傾聽別人想說什麼。真正的傾聽最終會化解強烈的情緒。真正傾聽人們的心聲並建立同理心與親和感，可以防止未來「熱烈」情緒升高。再強調，這些技巧都是心適力實踐者工具箱裡非常好用的東西。

當被要求列出優秀談判者的首要特徵，一群經驗豐富的警方危機談判專家給出了最重要的三項：

1. 有效能的傾聽者
2. 有耐心、冷靜、穩定
3. 靈活、適應性強、思慮靈活

近半數的人強調「保持靈活和隨機應變」對於建立親和感至關重要。而這些技巧對於建立我們在非緊急狀況下的心適力也同樣重要。藉由學習調節自己和他人的情緒，我們也將學會妥善管理日常生活的波折起伏。

要記住的是，優秀談判者總是有計畫的，他們絕不會只是「即興發揮」。在仔細聆聽、建立親和感的同時，他們始終牢記著最終目標，所做的一切也都是為了達成該目標，同時依然保持手段靈活。就像生活中的許多情況——包括心適力在內，重要的是要了解什麼有效，為什麼有效，然後練習、練習再練習，直到你能在行動或思考中運用自如。

重要的是要將這種擬定良好計畫的習慣落實在生活中；這是加強心適力第三支柱的要件。但是，難就難在這裡——不光是在你面臨和他人之間的艱難對話或艱難狀況的時候，同時也在你面臨跟**自己**的艱難對話或艱難狀況的時候。

1. 積極傾聽**自己**
2. 同理**自己**的處境
3. 和**自己**建立親和感
4. 影響**自己**
5. 改變**自己**的行為

制定明確的計畫，並根據各種可能的結果決定該怎麼做。制定這樣的計畫能給你一種掌控感，並幫助你提前管理自己的情緒，以便你在重要時刻做出更適當的反應。

標記我們的情緒很重要

多數人都知道一些常見的情緒，如恐懼、憤怒、快樂或憎惡，但也有許多「複雜」的情緒體驗，如敬畏、自豪、嫉妒、感性、溫柔或寬慰。而你描述它們的能力關係到你的心理健康。

當你聽說唐納·川普在二〇二〇年美國大選中落敗，你是狂喜、興高采烈、開心還是鬆了口氣？也許你感到沮喪、失望、震驚或憤慨？以細緻入微的方式描述情緒感受的能力有時被稱為「情緒粒度」（emotional granularity）。就像因紐特人有很多形容雪的用語，有些人有很多用語可以形容自己的情緒，而且可以詳細區分恐懼、厭惡、憤怒、悲傷或憂慮等感受。然而情緒粒度低的人可能無法詳細描述不舒服的感受，頂多只知道「不愉快」或「難過」。更準確地標記自己的感受能賦予它們更明確的界定，並幫助你理解它們的意義。它可以讓你了解你的觸發點（trigger point）——你為何**對**某事感到焦慮或擔憂，或者你為何**對**某人生氣。最後，用高度清晰的用語來解釋你的感受，可以讓你調整自己以應付各種情況。這正是為什麼這些情緒調節技巧對心適力很有助益。

下面研究顯示了情緒粒度對於提高情緒調節技巧的威力，同時也教我們如何自行學習這些技巧。受測者被要求指出他們在之前兩週針對幾種不同情緒調節策略的參與程度。這些策略包括：試著在困難情況下尋找一絲希望來重構自己的認知，退出不愉快的遭遇來分散自己的注意力，或者試著積極參與一些令人開心的活動等等。然後，受測者被要求寫十四天的日記，用來評估他們每天最強烈的情緒體驗。他們可能記下的正向情緒包括喜悅、快樂、熱情和趣味，而負面情緒包括不安、憤怒、悲傷和羞愧。研究顯示，難以描述自己各種負面情緒間的差異的人，也比較無法使用有效的策略來調節這些情緒。那些能夠用細微的方式標記負面情緒的人也用了較多策略來處理生活中的不如意。

此外，用更精確細緻的方式標記自己的正向感覺也被發現很有益處，而且和心理韌性有關。可喜的是，情緒粒度是可以學習的。因此，下次當你感受到強烈情緒，無論是正向或負面，試著找出種種字眼，甚至包括外語，來描述它們。學習各式各樣的用語來標記自己的感受，是學習調節情緒、增進心理健康的一個出人意表而又簡單的方法。

本章摘要

- 情緒調節是心適力的要件，因為它能讓我們退一步，清楚評估狀況，從更有利的角度考慮最適當的對策。強烈情緒會促使我們衝動行事，這不見得是正確的辦法，因此學習調節它們是心適力工具箱裡必備的法寶。
- 管理情緒時，我們必須同時追求同等的靈活性和真實性。能夠積極地重構事物是好事，但假正向可能會有害。
- 調節情緒的技巧不少，非常重要的是要隨著情況發展，靈活地加以選擇運用。
- 一個必備的技巧是學習用細緻入微的方式標記自己的感受，無論好壞。這為我們帶來的較大「情緒粒度」，已被證明是幫助我們調節情緒、增強幸福感和心理韌性的好方法。

心適力第四支柱

情境
覺察

Chapter

12 直覺的本質

早在一九八四年我還是學生時，曾在美國度過快樂的暑假，在餐館打工，玩得很開心。那是一個漫長而炎熱的夏天，我和我的朋友瑪莉亞幸運地在紐約長島尾端的蒙托克旅館找到服務生的工作。這份工作薪水不高，但提供住宿，我們倆都住在長長的沙灘邊上。工作開始得很早，六點左右，到午餐時間前才結束。接著我們在海灘上度過整個下午，直到晚上開始我們在一家高級海鮮餐廳的第二份工作。

高額小費滾滾而來，加上住宿不花錢，空閒時間又多，我們過得很享受。蒙托克是紐約的海濱遊樂場，擠滿了從曼哈頓和更遠的地方前來度假的人。我們很快遇到了來自世界各地、在度假村周邊的眾多酒吧和餐館打工的其他學生。

我們和一位獨自旅行、在同一家旅館工作的美國女孩珍妮成了固定朋友。她活潑又風趣，而且將我們介紹給她認識的一些人。當她吸引了一個英俊的男友，沒人覺得意外；

我還清楚記得當時我們有多麼羨慕。我們越來越少見到珍妮，因為他們在一起的時間越來越多了。

一天下午，我獨自去海灘，恰巧遇見珍妮和她的新男友。我再次被他的英俊和魅力所折服。但還有別的什麼令我心驚。那感覺非常微妙，但我很快察覺到一種模糊的不自在和憂慮的感覺。我無法確定那是什麼，但當我和他說話時，他的目光逗留的時間長了點。完全沒有調情的味道，而是略帶敵意，令人不安。接下來的幾週，我有好幾次同樣的直覺，在他身邊越來越感到彆扭。我記得我很驚訝，因為他實際上並沒做過或說過任何令人害怕的事。然而，我有一種持續的不安感，對他很有戒心。有天晚上我把這事告訴瑪莉亞，結果她同樣對他有不舒服的感覺。

幾週後，瑪莉亞和我在半夜被巨大的撞擊聲吵醒。珍妮的男友正踢打著我們的薄門板，要求知道她的下落。他氣急敗壞，堅信她躲在我們房間裡。我們設法開了門，但將紗門鎖上，讓他看清楚珍妮不在我們房裡。但他的怒火並未平息，非常嚇人。他打破紗門，叫喊著，堅稱我們肯定知道她在哪裡，最後終於氣沖沖離去。

所幸，珍妮受了驚嚇，但沒事。她告訴我們，過去幾週她變得越來越害怕他。接下來幾天，我們全都接受了警方的面談，被追問我們對他的了解，以及是否知道他去了哪裡。我們震驚地發現他正在逃亡，因為那年夏天稍早在加州犯下的幾起性侵案遭到通緝。

那是一次驚險的經歷，直到今天，我依然無法解釋，為什麼每次在他跟前我總感到危險和憂慮，儘管所有「外在」證據都顯示他是個富有魅力的好男人。但我的大腦顯然接收到了一些對我發出警示的暗示。我們的許多「直覺」都是基於對我們周遭環境和背景的深入了解，而這是我們可以發展、磨練的一項重要技能。正因如此，直覺是心適力的要素。透過提供給我們來自周遭環境的微妙訊息，直覺能幫助我們在重要時刻做出正確決定。

直覺的本質

許多心理學研究顯示，直覺是非常真實的過程，大腦利用過往的經驗，連同內在信號以及來自環境的線索，來幫助我們做出決定。這個決定發生得如此之快，以致沒有在我們意識中留下印象。一項知名研究證明了這點。在該研究中，受測者必須從兩副紙牌中選擇卡牌，但他們不知道這些紙牌被暗中動了手腳。其中一副藏了大贏和大輸牌，另一副則有小贏牌，但沒有輸牌。受測者平均試了八十次之後才察覺這點。但有個有趣的發現：大約選了十張牌之後，受測者們就知道哪一副牌是「危險」牌。經過進一步調查，研究人員發現，受測者在選擇高風險／高收益紙牌時，經歷了所謂的皮膚電阻反應，也就是出汗增加。研究人員得出的結論是，這種身體信號產生了一種直覺偏誤，用來在意識腦區察覺到情況之前引導決策。很明顯，在許多無法掌握所有事實卻得做出決定的情況下，獲得這種直覺可能是有利的。

直覺是大腦中向我們展現出一種情況的**梗概**（gist）的那個部分。這些直覺暗示幾乎是察覺不出的，發生得很快，讓我們在無意中獲取有關世界的訊息。它是一種秘而不宣的知識，無法教導，而是透過潛移默化獲得的。直覺為我們理解複雜的日常情況和問題的能力奠定了基礎。它是很容易被忽略的「第六感」。我們多半都有過一種總覺事情不太對勁的第六感，卻又說不上來究竟是什麼。這正是當年我對珍妮男友產生不安感時所體驗到的。這些直覺也非常有助於我們融入新環境的文化準則。因為我們的大腦能趕在我們的意識之前分析各種標準和或然率，當我們處在新的、陌生的環境，這些直覺線索非常有助於我們適應。

舉個例，二十五歲完成博士學業那年，我極其興奮地在紐西蘭——距離都柏林彷彿有千里遠的一個國家，找到我的第一份學術工作。儘管愛爾蘭和紐西蘭的文化和語言十分近似，移居這件事依然是一種文化衝擊。接下來幾週和幾個月是一個急遽爬升的學習曲線。我很快學會不要拿橄欖球開玩笑。在家鄉愛爾蘭深受歡迎的一項運動在紐西蘭成了一種國教，受到嚴肅看待。

沒人向我指出這點；但我學得很快。光是觀察人們的反應和他們之間談論球賽的方式，我便明白了一切。這種直觀知識（intuitive knowledge）很難解釋；我們就是**知道**事情對或不對。它是指導我們行為的知識，但我們不見得能有意識地察覺到它。直覺敏銳的人常被認為擁有從宇宙、神靈或者他們大腦內部某些天生固有的部分汲取的神秘力量。他們似乎在根本上異於常人。

直覺並不神奇

然而，事實是，直覺並不神奇。相反地，它是記憶和認知系統正常運作方式的延伸，一種深受你的生活經歷影響的心理技能。它的運作方式是，你的大腦盡可能收集大量訊息，接著透過你過往經歷的「大數據」檢視這則訊息，接著做出預測。當你乘車經過一家商店，在昏暗中瞥見一位密友走進去，你會馬上認出她來。你的大腦並無足夠訊息可以做出合理、細密的辨識，但她的臉型、走路的樣子或頭髮的波動，都能提供足夠線索讓你迅速做出決定。

這種光憑著少量經驗推斷重要訊息的能力被稱為「薄片擷取」（thin slicing）。有人藉由觀察第一印象可能產生的深遠影響，對這種能力做了深入研究。在一項著名調查中，一群學生被要求在第一學年課程尚未開始前，憑著一段十秒短片評估他們的教授，然後在經過多次上課和互動的兩年後，再次評估他們的教授。結果發現兩次評價幾乎相同。這顯示，最初的直覺印象仍然存在，並且經過很長一段時間都沒有改變。第一印象確實很重要，儘管它們可能不見得正確。

直覺來自經驗

值得注意的是，直覺是一種難以捉摸的智力形式，是我們透過個人經驗而非經由刻意學習獲得的。下次你使用電腦，試著輸入「傑克離家很遠」一行字但不低頭看雙手。我猜你會覺得這麼做相當容易。但如果要你不低頭看，直接說出鍵盤中間一排的十個字母，你會很吃力。回憶字母的位置有賴於外顯記憶（explicit memory），是刻意獲取的，而打字靠的是你的直覺記憶，而這通常是無意中獲得的。

我們的日常能力多半是基於這類未經明確指示所獲取的技能和訊息。想想那些我們以不言而喻的方式理解的社會習俗，或者我們小時候學會語言的方式。即使沒正式學過某種語言，說該種母語的人也能直觀地掌握文法，但往往無法詳細解釋文法的規則。它是基於所謂的隱性知識（tacit knowledge），也就是我們知道自己擁有，但很難用語言表達的知識——例如打繩結、騎單車或接球。它通常是透過行動和日常經驗，而非書本或課程來學習的。而且只有表現出來時，我們才知道自己擁有這項知識，無論是複雜的舞蹈動作，還是開車時對一隻衝到路上的狗做出的快速反應。美國前國防部長倫斯斐（Donald Rumsfeld）曾有名言，「已知的未知」（known unknowns），也就是那些我們知道自己不知道的事，但也有一些事是我們知道，卻不知道自己是如何知道的。

直覺告訴我們什麼是重要的

換句話說，直覺能讓我們本能地理解什麼是重要的，什麼訊息忽略了也無所謂。可還記得當你學騎單車時，你是如何戰戰兢兢注意著每個動作，直到一連串複雜動作漸漸變成了無意識？隨著對一項新技能的掌握，我們對每個細節的關注也越來越少。事實上，專業技術的發展恰恰涉及這點：學習專注在最重要的事，讓大腦無意識地處理其餘部分。

直覺引導我們的感知

首先，直覺力有助於我們的生存；直覺也能引領我們走向事件中最相關的面向，即使我們並不知情。也許是受到多年前在蒙托克和珍妮男友間的那段成長經歷的啟發，我自己關於危險信號對我們注意力的深遠影響的研究，提供了很好的例子，說明人的注意力是如何迅速轉向一個危險暗示，例如一堆平淡表情中的一張憤怒臉孔。說來一點都不令人意外。在我指導的一項研究中，受測者觀看了一連串在電腦螢幕不同位置閃現的圖像。其中一些圖像呈現出憤怒或恐懼的臉部表情，另一些則較令人愉快，有著快樂笑臉。我們測量受測者的目光和注意力較容易落在哪裡，發現憤怒的表情比其他表情更能吸引他們的注意力。令人驚訝的是，當僅僅十七毫秒後，我在那些臉孔之上展示另一組混合圖像，來阻止對臉孔的有意識感知——擋住對那些臉孔的感知，此時已看不見的危險信號更加吸引注意力。儘管我的受測者沒意識到展示了什麼，或者有沒有展示東西，憤怒的臉仍然比快樂的臉更能吸引他們的注意。進一步研究顯示，皮膚電阻反應警示著我的受測者注意危險暗示，就像之前兩副紙牌研究中的情況。

這是直覺或者所謂「第六感」實際運作的例子。一個微妙的身體暗示，促使受測者更加關注這些圖像。我們的直覺很重要，能確保我們關注環境中最相關的面向。然而，重要的是要記住，第六感不見得正確。這不是它們的重點所在。第六感無法提供可以讓你理性評估明確的對錯答案。它們的功能根本不在這裡。你或許無法完全弄懂它，因為直覺不是黑白分明的藝術。然而，你的直覺會給你額外證據來指導你的判斷。

愛因斯坦有句廣泛被引用的名言，「直覺心靈是神聖的天賦，理性思維是忠實的僕人。然而我們創造了一個尊崇僕人卻輕忽天賦的社會。」第六感或直覺可以引領你走向更理性的分析，並幫助你適應不斷發展、快速變化的環境。毫無疑問，我們需要兩者——直覺感知和理性分析，來盡可能做出最好的決定。在下一章中，我們將探討一些可以讓你深入自己直覺的小技巧和練習。其中一部分是學習平息自己的內心小劇場和周遭的紛紛擾擾，並對自己的身體信號付出更多關注。首先，我們來看看這是怎麼做到的。

直覺確實來自五臟六腑

為了深入了解直覺，科學家們開始轉向消化道（gut）和它的運作方式。事實證明，

「第六感」（gut feeling）一詞驚人地準確。直覺信號確實來自一層分布在胃和消化道內外、常被稱為「第二大腦」的神經細胞。這個被稱為腸神經系統（enteric nervous system, ENS）的內臟神經網路和大腦密切連結，幫助我們把一些環境信號——例如危險暗示，轉化成我們能據以採取行動的模糊危險感。關於腸腦交互作用還有許多未知的部分，但毫無疑問，大腦和消化道之間的聯合思維有助於我們暢行於節奏快速的世界。

情境的重要性

重要的是要記住，來自直覺的訊息無法獨立運作。我們的第六感只**告知**，但不發號施令。當你走在最尖端，無論在科學或企業界，沒人能引導你。你必須無畏地踏入未知領域，而這正是直覺發揮作用的時候。直覺之於情境，就如衝浪板之於海浪。

向外看可以讓我們認清環境的氛圍——無論有多微妙，並且本能地理解什麼是重要的，以及該怎麼做。「情境」（context）一詞源自拉丁語 *contextus*，最初的意思是「交織」或「組合」文本中包含的多種含義。如今，我們將它作更廣泛的使用，指的是在各種情況下影響你的感受和行為的所有條件。也許是你身處的文化，也許是過往類似情況的記憶閃現，也許是某個特定人物的在場。我們所處的環境對於決定我們扮演什麼角色、有什麼感受方面具有重大影響，並且被稱為「表現情境」（performance context）。例如，隨著你在工作或者在家，你對某些事可能會有極為不同的想法和感受。

當我的一名學生著手進行一個案子——調查某家公司員工的經歷並進行簡短訪談，我有了針對這點測試的機會。我們發現，在人們結束漫長忙碌的一天後接觸他們，所得到的結果很可能和趁著早上休息時間在辦公室進行訪談截然不同。接著我們想知道，如果那些問題是在員工的居家環境而不是在職場提出的，我們會不會得到相同的答案？不出所料，每個不同情境都會帶來不一樣的答案品質。

情境是決定成就和成功的重要因素。當然，更廣泛的來說，情境形成了文化，而人們將他們的文化、傳統和經濟現實帶到每一種情況中，就像我剛搬到紐西蘭時的情況。這些都對我們在任何情況下的反應有著深遠影響。在肯亞鄉間進行的一系列研究中，研究人員想要了解「智力」是不是一種普世概念。一群成人被要求評估同村小孩的「智力」，結果他們評價最高的孩子是那些學會使用各種草藥的孩子。這很合理，因為寄生蟲感染在這些村子很常見，而在數百種可用的草藥中，只有少數幾種能有效緩解因此引起的胃痛。學會找到最好的草藥來自我治療的孩子具有適應優勢。有趣的是，這些適應性強的孩子在傳統西方學校考試中的表現也**較差**。實驗發起人得出結論，在這些孩子們很少讀完高中的村子裡，學業成績的價值非常低。事實上，那些留在學校而且成績出色的孩子往往被視為浪費時間，因為那些技能無法幫助他們找到工作，獲得經濟保障。所謂「成就」只能放在文化背景下來理解。一個學業表現不佳的肯亞孩子的聰明程度並不亞於一個對草藥懂得不多的歐美小孩。

我們在當下情境中最受重視的事情上表現出色的能力，是我們的適應及發展能力的最佳預測指標。比起對西方的成功觀念，許多非亞洲社會更加重視一些社會素質，例如尊重關心他人、勤奮、體貼和合作能力等。對西非的包萊（Baoulé）族人來說，尊重長輩和服務社區被視為智慧的基石。在那裡，促進穩定幸福的族群關係的能力，被認為遠比受到許多西方國家重視的解決問題的能力更為重要。

倒不是說解決問題不重要。英國版的《誰是接班人》（*The Apprentice*）電視節目主持人休格（Alan Sugar）曾提到，他想尋找一個「絕頂機靈」的學徒，一個實務經驗豐富而不是光會念書的人。這兩者不見得密切相關。這是因為「學術」問題往往不代表我們在日常生活中遇見的那類問題。日常問題對我們來說更有意義，並且通常有許多不同的可能解決辦法，而每種辦法都各有其優缺點。

直覺源於我們的豐富經驗

直覺是透過我們所接觸的不同環境的多樣性來微調的；這就是為什麼人或許在某個專業領域極具直覺力，但這並不見得能巧妙轉移到其他領域。這意味著，只要有心，任何人都能提高自己的直覺力。

各種專業人才，無論是護理、電腦程式設計或領導階層，都會從特定領域的多年經驗中培養出高度直覺。重要的是這種體驗的多樣性。就拿護理來說吧。護理師不會一遍遍做同一件事。經驗豐富的護理師肯定曾在許多不同環境中工作，目睹人的死亡，見證人的存活，看著人們對好壞消息的反應，並在許多不同的專科工作。在許多情況下，她或他可能不得不「跳脫框架思考」，在緊急狀況中使用手邊的材料。這種護理界內的多樣性，使得他們對特定專業領域內可能出現的絕大多數情況，有了深刻而直覺的理解。

我們也可以從讓磅賽（handicap race）中，那些決定每匹馬應該負載多少重量的人的工作中看到這點。這被稱為「障礙設置」（handicapping），也就是為每匹馬分配不同的負荷，藉此平衡牠們獲勝的機會。可能有最佳表現的馬背負較重，而表現可能較差的馬則負重較輕。斟酌如何為每匹馬設下理想的障礙是一個數學上的複雜過程，必須考慮足以決定一匹馬在特定日子的表現的千百種問題。太多因素會產生作用：之前的結果，各種天氣條件的影響，馬是否能輕鬆超越其他馬匹，過去是否嘗試過超越等等。賽馬預測專家（handicapper）會用一種複雜的運算法則來預測每匹馬的可能速度，並算出每匹馬的獲勝機率。

你或許會認為，一個人使用這種複雜運算法則的能力肯定會轉化到其他技能領域。然而，在一項調查中，研究人員發現它和智商無關。事實上，有一位頂尖賽馬預測專家是智商八十五的建築工人。研究人員接著要求那些預測專家嘗試一般人使用類似的運算法則來預測股市。儘管所需的計算非常相似，但不一樣的陌生情境導致他們的表現並未優於一般概率。說不定他們只是瞎猜。

情境能提供我們該以什麼方式行事的線索；沒了情境，行為便會改變。直覺是知識累積的結果，儘管是隱藏的，但是當我們必須在壓力下快速做出決定，它尤其顯得重要。當沒有足夠時間來吸收所有必要的訊息，我們的直覺智力就會來填補缺口，為我們提供救援。當然，直覺不一定正確，前面提過，它的功能不在這裡。但它能藉由我們過往經驗中的證據來引導我們：經驗越是豐富多樣，我們的直覺就越有助益和建設性。直覺敏銳的人培養了從經驗中學習的實際能力；他們甚至能捕捉最細微的線索，將這種知識轉化為優勢。

直覺的價值經常在商業課程中被淡化，儘管經證明，許多高階管理人員常依賴直覺以及批判性分析來做出重要決策並取得商業成功。在企業界，氣候往往是複雜而不可預測的因素，使得以邏輯為本的傳統決策制定方式失效。這時候，轉向直覺和本能可以引導企業主得到一個理性思考可能達不到的重要訊息。這可以帶來競爭優勢，尤其是在帶領企業度過不確定時期的階段。例如，創立化妝品公司的女企業家、創業家雅詩·蘭黛（Estée Lauder）便是出了名的擁有能夠凌駕精密市調、辨識哪一種香水會熱賣的神秘能力。她的一些員工猜想這是因為某種超自然感應，但歸結起來可能就是一種能了解他人及其最深沉慾望的直覺吧。

就像大多數的智力形式，直覺不是靜態的，而會隨著經驗而不斷發展。據她的同事說，雅詩．蘭黛會花好幾小時和客戶交談，了解他們喜歡什麼。正是這種私密的知識，讓她能夠研發出一種她直覺地知道會吸引人的造型和感覺。同樣地，透過經驗，醫生也能在和患者交談幾分鐘內，迅速掌握複雜的診斷結論；親臨戰場多年的士兵也能直覺感應到危險，卻無法解釋原因。而在日常生活中，由於長期經驗，我們可以在打電話的最初幾秒感覺出我們的伴侶在生氣，或者很快發現我們的孩子隱瞞了一些越軌行為。

認知科學家赫伯特．西蒙（Herbert Simon）對此有很好的解釋，他說：「情況提供了提示，這個提示使得專家能取得記憶中的訊息，而訊息提供了答案。直覺無非就是識別。」當熟悉的事物在新情況下被認出，直覺就會發展，並產生作用，而這只能來自經驗。感知也用同樣的方式運作。極少的訊息便能幫助我們識別，並預測出常見的天氣狀況，即使我們覺得不可思議。由於心適力關係到盡可能準確掌握情況，因此認知到直覺的力量十分重要。如果忽略「第六感」的訊息，各行各業可能會做出許多糟糕的決策。

本章摘要

- 直覺讓我們掌握情況的梗概，是決策的有益指南。
- 情境提供了我們的直覺用來產生「第六感」的大部分資訊。
- 直覺無法傳授，但可以透過增長經驗來強化它。

- 直覺不見得正確。相反地，它們只是一點額外訊息，可用來引導一些較為理性的決策制定。
- 直覺和心適力相關，因為它讓我們得以進入我們的意識心智無法觸及的關於世界的知識層面。這類知識在複雜、快速變動的情況下——正是最需要心適力的時候，尤其顯得重要。

Chapter

13 向外看：情境如何激發直覺？

在快節奏的一級方程式賽車世界裡，四十歲的阿根廷賽車手方吉奧（Juan Manuel Fangio）是頂尖好手之一。在一九五〇年摩納哥大獎賽中，方吉奧在第二圈遙遙領先，進入一條有著險惡髮夾彎的隧道。通常他會在衝出隧道時加速來保持速度，但這次，不知為何，他在出來時把腳從踏板上鬆開，突然減速。所幸他這麼做，因為就在轉角處發生了可怕的撞車事故，九輛車子堆疊在跑道上。要是方吉奧沒有放慢速度，他肯定朝它們直衝過去。反之，他順利穿過那堆殘骸，再度上路並獲勝。

賽後，方吉奧一開始無法解釋他突然減速的直覺。但最終他的團隊找到了方吉奧注意到的線索。由於他一路領先，當他從隧道中出來，通常會一眼看見大片粉紅的臉孔從看臺上望著他。但這次他注意到觀眾後腦杓的一抹暗色，因為他們全轉頭看著撞車現場。這種微妙的明暗變化在方吉奧的大腦中留下印象，告訴他出了狀況，致使他放慢了速度。

憑著豐富的賽車經驗，方吉奧識別出所處環境中的異常線索模式（觀眾頭部方向不對），讓他在瞬間做出本能反應。

直覺的一個要素是**向外**看並充分了解周遭狀況的能力。如同前一章提到的，來自我們環境的種種線索會觸發過往的知識，這些知識會向當下時刻報告，而我們的意識知覺得到的是一種事情不太對勁的籠統感覺。方吉奧的大腦接收到觀眾望向別處的異常線索，引發了一種他應該放慢速度的模糊感覺。這些微妙的感覺提供給我們來自腦內龐大的過往經驗庫藏的內在訊息。雖然訊息不一定正確，但它確實能在根本無法進行充分理性分析的緊要關頭引導我們。如同前一章探討的，這是直覺，不過是由對情境的卓越感受性所驅動的直覺。這在心理學稱為情境敏感性（context sensitivity），是一個意外遭到忽視的研究領域。它指的是弄明白在特定情境中該怎麼做的能力。正如我們在賽車手方吉奧的故事中看到的，專家會對自己的情境保持警戒，但對於心適力來說，能夠盡可能對廣泛多樣的情境保持敏銳是有幫助的——尤其是社會情境，因為這能提供我們培養心適力技能所需的要素。在本章中，我們將探索許多能提高我們對周遭環境敏感度，進而提升直覺力的方法。

情境敏感性運作中

最近，我在造訪一位靈媒時親身體驗了何謂情境敏感性。當然，是為了科學研究。我走上幾段樓梯，來到倫敦北部一間意外地明亮、通風的辦公室，心中有點緊張。我和安娜坐在窗邊一張擦得晶亮的小桌前，眼前沒有水晶球。「妳想問什麼？」她說。但我還沒來得及回答，她斜眼看著，說：「看得出來妳正為了某個重大抉擇苦惱不已。」她預測我會很快做出正確決定，找到令人振奮的前進方向。當然，這番話說得有些含糊，但最近我**確實**獲得一個學術圈外很吸引人的機會，而且正認真考慮徹底改變事業方向。

欽佩之餘，我逐漸在安娜跟前安下心來。當她用塔羅牌替我占卜，它們全都驗證了安娜最初的預測。她首先翻出死神牌，讓我心裡一驚，但安娜安撫我，說這意味著我人生的一個重大階段即將結束，新的階段即將展開。她無法確定時程，但不會太久。她告訴我，這變化讓我相當苦惱，而這張牌告訴我，要冒險一試，馬上行動。她又翻出幾張牌，但一直遮遮掩掩的，直到翻開命運之輪。「哎呀，」她說：「真有意思。」她解釋，這張牌是告訴我明年將發生重大變化，我應該做好適應的準備。

占卜結束後，我感到異常輕鬆，感覺她已經「看見」我生活狀況的要素，並給了我事情將會順利發展的積極願景。姑且不論我對通靈者有什麼先入之見，安娜確實注意到我一直在努力應對的混亂思緒。我了解到，她可能非常擅長趁著彼此產生共鳴時，從我這裡接收一些微妙的信號。她是業界所謂的優秀「冷占卜師」（cold- reader），能夠從談話中的某個重要事件當中，發現微妙的線索——縱使對方試圖掩飾它的重要性。她擁有極高的「情境敏感性」。「看得出來妳正為了某個重大抉擇苦惱不已」之類的陳述方式非常有效，因為它們感覺很切身，但實際上非常空泛，可以適用於任何人。當你聽到和自己相關的事，很難不做出反應。一個好的冷占卜師會注意到這種反應，然後進一步展開。即使身為努力擺出撲克臉的心理學教授，我都沒能隱瞞我對安娜的空泛陳述的個人連結。我八成「洩露」了某些線索，讓她知道她已經命中要害。

如何增強情境敏感性？

那麼，我們該如何發展情境敏感性，進而發展直覺？更重要的是，為什麼要這麼做？這些問題的答案很明確。「如何」的答案很簡單，就是「多和外界接觸」（get out more）（用心理學的說法）。至於「為什麼」，因為它能提高我們的心適力技能，幫助我們做出更明智的決定，同時增強我們的心理韌性和整體幸福感。因此，有很多好理由。心適力要求我們深入了解周遭環境，而「情境敏感性」是其中的要件。

經驗就是一切

安娜告訴我，她從事通靈師工作超過三十年。十幾歲時開始在黑潭（Blackpool）當靈媒，後來在園遊會擺攤，接著搬到倫敦。想想她在冷占卜方面的出色表現，我一點都不覺得意外。我們的直覺知識不是靠智力分析，而是靠實踐得來的。閱讀有關收音機運作原理的手冊會告訴你很多訊息，但要摸透它的內部機械構造，除了把它拆解成千百片，然後實實在在組裝回去之外，別無他法。這種親身體驗能帶來改變。

去做而不只是空想，是幫助大腦建立直覺知識庫的方法。讓自己接觸形形色色的體驗以及伴隨而來的想法和感受，將幫助你建立對情境的敏感度，而這將為你的直覺提供支撐。經驗很難抹除。一旦我們看見，就很難視而不見；一旦我們了解，就很難曲解。

「多和外界接觸」的重要性可以用一句普遍認為出自C．S．路易斯（C.S. Lewis）的名言來囊括：「經驗是最嚴酷的導師，但你會有所獲益。我的上帝，你獲益了嗎？」我們都需要開發一個必要時可加以利用的有益經驗庫。要實現這點，必須讓自己毫無保留地投入日常生活。你可以參加靜修，到圖書館學習，和朋友沒完沒了地辯論，但只有讓自己接觸真正不一樣的新體驗，面對那些和你持有不同觀點的人，以及迫使自己離開舒適圈，你才能真正學到東西。如同路易斯的告誡：「為討厭鬼禱告比去探望他要容易多了。」

經驗的多樣性有助於心適力的培養，因為它能轉換大腦中的內在學習運算法則，提供更準確的對情境的理解。就像一則好的兒童故事，生活交織著多層意義，你的生活體驗越廣泛，也就越可能領悟人類的種種奧妙和複雜性，以及他們身陷的各種複雜情況。可喜的是，廣泛的生活經驗將提供給你更多的認知、情緒和行為處理程序，有助於你適應可能會面臨的幾乎任何場景，因此它顯然是心適力的要素。

正如較大的生物多樣性能為生態系統帶來較大的生存韌性，心理多樣性（mental diversity）也能為你的身心健康帶來許多好處。心理多樣性不僅讓你有更豐富的直覺庫藏可供利用——心適力的重要支柱，還能為你提供更多樣的應對策略和選擇。

開展你的「情境覺察」

為了增進我們的心適力，並真正利用我們的經驗，很重要的是努力培養對情況的廣泛覺察，這正是我們對情境的敏感性的基石。例如，許多曾在伊拉克參戰的士兵會告訴你，生存技能有很大一部分是能夠知道什麼是「典型的」，因此能注意到異常——高度緊繃的氣氛，在某個時刻出奇空蕩的街道等等。二〇〇四年，唐納文．坎貝爾中尉率領一支美國海軍陸戰隊人員穿過伊拉克城市拉馬迪，執行他們的一項常規清道任務，尋找並清除炸彈。他們在路中央看見一個簡易爆炸裝置（IED）並意識到那顯然是個誘餌。他們正要繼續前進，一名隊友注意到約一百米外有一個水泥塊，他覺得很怪，因為它看起來「太對稱、太完美」。結果水泥塊裡藏著一個大炸彈。「除非你知道伊拉克那一區的瓦礫碎石是什麼樣子，否則你根本不可能發現。」唐納文說。正是那位海軍陸戰隊員對典型街景的了解，使他能夠發現異常狀況。同樣地，二〇一三年波士頓馬拉松爆炸案發生後，警方迅速從監控影像中辨識出炸彈犯，因為當時他們平靜地走開，而其他人一片慌亂。他們的奇怪行為太顯眼了。

充分掌握任何情況下的「正常」，能讓你迅速發現不正常。你的大腦很擅長發現異常，因此，反其道而行，要尋找一致性而不是變化（或危險），然後把剩下的工作交給大腦。問自己，在任何情況下什麼是正常？例如，在咖啡館裡，你可能預期人們會舒服放鬆，和朋友聊天，喝咖啡。當人們緊張地環顧四周，或彼此不交談，可能就顯示有問題。當你在不同情況下，尤其是熟悉情況下，花點時間留意典型的行為，然後測試你對它們的記憶。

有時縮小關注焦點是必要的

如同剛才提到的，退一步、全面了解情況很重要，但有時刻意縮小關注焦點是有好處的。幾年前，我與丈夫和阿森納足球俱樂部（Arsenal Football Club）共事，協助他們尋求增強球員認知能力、改善表現的方法。我們和球員及教練組對話，觀察了球員們的臨場表現。足球是一種緊湊多變的競賽，在比賽的各階段幾乎都有許多變動的部分。

在激烈訓練中，足球領隊面臨的挑戰是，如何在千頭萬緒之中專注於球隊方方面面的表現。當然，答案是，辦不到。試圖兼顧大小事可以輕易構成陷阱。正好相反，訣竅是只把注意力集中在比賽的一個面向，也許是兩個特定球員，在一段賽程內，觀察其中一人的傳球是否理想，以及另一人如何接應。

關鍵是避免同時追蹤一個情況的太多不同面向，因為這會削弱你留意微妙情勢的能力，因而破壞你的心適力。例如，我的研究顯示，在任何特定時間，人最多能記住大約四個項目。也就是說，如果你試圖兼顧一切，尤其是在新情況下，你的大腦會很快超載。雖然這是在針對簡單物件的實驗中發現的，但我們可以合理假設，我們的待辦事項清單上不應超過四項，因為再多的話將會超出我們的心智能力。

留意眼神也有幫助

有時候，就像我和安娜之間的經驗所顯示的，直覺可能會在我們沒察覺的情況下發生，而且會從我們大腦無意識捕捉到的他人肢體語言的微妙部分散發出來。就算你不是靈媒，你可曾感覺某人在對你撒謊，但就是說不出為什麼？答案很可能是你對瞳孔擴張的情境敏感性。眼睛實際上或許不是靈魂之窗，但它們透露的可多了。越來越多證據顯示，瞳孔大小是衡量一個人感受的重要指標。根本原因在於，它是心智努力（mental effort）的可靠標記。當你認真思考，你的瞳孔會放大。你可以站在鏡子前，試著心算一個困難乘法來測試這點——例如63乘以14，同時仔細觀察自己的瞳孔。

欺瞞也需要心智努力，這也是為什麼瞳孔擴張可以讓人露餡。在一項研究中，一些受測者被要求在一位秘書離開房間時，從她錢包裡偷二十美元，其他參與者則沒偷東西。稍後，所有參與者都被要求否認偷竊。結果研究人員在分析瞳孔放大時更輕易地偵測出小偷。比起那些誠實參與者的瞳孔，謊稱沒偷錢的人的瞳孔大了約一毫米。

這並不容易，但是像安娜這類「冷占卜師」非常擅長注意瞳孔擴張的變化。所以，多留意人的眼睛，尤其當他們聽到令人驚訝或興奮的事情時，看你能不能逐漸注意到任何變化。這些變化可能會帶來了解他人真實感受的直覺。

跳脫自己的泡泡

知易行難？絕不會。人多半都存活在一群想法相近的人組成的安全泡泡中，而不光是在社群媒體上。所以，看看那些和你互動最頻繁的人。他們大都是你的同事？他們主要是你的家人？他們的背景和收入水平和你十分相近？他們的觀點和你雷同？試著進一步意識到這些，並設法結識來自各行各業的人，用心聽他們說話。不妨加入社群媒體上的各種討論。看看那些政治觀點和興趣和你截然不同的人，了解一下他們的想法。閱讀不同的報紙，觀看不同的電影片道，或者主動到其他社區的慈善機構當志工，參加一些你通常不會參加的活動。任何能讓你接觸到陌生文化和人的事物，都將幫助你敞開心胸，激發你的心適力。

二〇一八年我在美國旅行時便嘗試這麼做過。在唐納．川普說了在我看來是一連串公開種族歧視的言論之後，我很不解為何那麼多美國人支持他。我知道這不像美國，或美國人。我特地看了一些我知道是保守派並且支持川普觀點的新聞頻道。看到那麼多不同媒體播放同樣的新聞，實在令人大開眼界。我經常觀看某位評論員的節目，越來越入迷。當我聽到他顯然在為白人至上主義者和詆毀移民的行為辯護，我詫異極了。可是，當我克服了聽見和自己迥異的觀點時的驚愕，當我真正試著傾聽，我注意到在和來賓的訪談中，他不時會提出合理的論點。我甚至發現自己同意他所說的一些話。我開始理解許多人對於一些地區新移民數量的擔憂，尤其是那些已存在高失業率和貧困問題的地區。英國脫歐辯論中也出現過類似的主題。雖然我對這些問題的基本信念非常不同，但我了解到這些觀點反映了真實而深刻的憂慮。即使是這類短暫的練習，也會讓你更能接納不同觀點，幫助你的大腦做出不像之前那麼偏頗的預測。

在適當情境使用適當對策是心適力的關鍵

提高對情境的敏感性之所以重要，是因為它能幫助我們為當下選擇正確的策略。我們才剛開始明白選擇不同策略來管理情緒的重要性。正如第四章談到心理韌性時提到的，重要的是在不同對策之間進行選擇的靈活性。在利用一些幫助我們分析周遭世界的心理過程時，也需要同樣的靈活性。例如，當你發現遠處出現威脅，像是遠處的獵食動物，適當的行為可能是保持高度警戒，密切注意那動物在做什麼。可是當獵食動物非常靠近，這種行為的結果或許會不太妙。這例子再度顯示，所有想法和感覺都只在適當情境中才有用處。正如心適力所顯示的，沒有一種對策是萬能的。

對環境做出適切反應不僅對生存很重要，也是良好心理健康的跡象。那些成功發展的人往往會為當下狀況選擇正確的對策。例如，研究顯示，心理健康的兒童對險惡狀況表現出強烈的恐懼反應，不出所料，但對低度險惡狀況則否，同樣不出所料。換句話說，他們的恐懼反應很符合情境。形成鮮明對比的是，那些即使在低度險惡狀況下也表現出強烈恐懼反應的兒童——也就是缺乏情境敏感性，更容易在日後出現焦慮和其他心理健康問題。

我們在患有嚴重抑鬱症的成人身上，看到類似對情境的不適當反應。沒有抑鬱問題的人通常會對歡樂的電影表現出強烈情緒反應，但對悲傷電影反應較為和緩。換句話說，他們從愉快場景中得到真正的激勵，但在觀看悲傷的場景時不會過度沮喪。相較下，抑鬱的人對這兩種類型的電影都表現出抑制反應。他們在看悲傷場景時不會太沮喪，但也不會從快樂場景中得到太多激勵。基於這類證據，有人認為缺乏情境敏感性對於抑鬱的持續具有重要作用。重點是，某種類型的「防衛性解離」（defensive disengagement）成為抑鬱症的一種下意識的對策，即使這對情況毫無幫助。

為何經驗能提高情境敏感性？

讓自己接觸豐富經驗會直接影響大腦的運作方式。記住，你的大腦本質上是一個靠著巨量資料維持運轉的預測機器。想想這些資料的來源。它來自從你出生那刻起一直到死的那天為止，持續不斷轟炸你的所有景象、所有聲音和所有經歷。這意味著你的文化和個人經驗，對於你的大腦如何理解、回應發生在你身上的事有著深遠影響。當許多國家在新冠肺炎疫情期間實施嚴格的封鎖，這無意中導致了比平時更局限、狹窄的體驗型態。這也是為什麼許多人在終於能再度外出時遇上了社交狀況，而且，儘管只是推測性理論，這很可能也是許多人在長期社交隔離後經歷了「腦霧」（brain fog）現象的原因所在。

限制經驗也會使我們更容易受到偏見的影響。這點可以在僅僅三個月大的嬰兒身上看到，這些嬰兒已對於他們在短短人生經歷中接觸最多的種族／膚色的面孔表現出強烈偏好。在一項有趣的研究中，心理學家找來三組居住在以色列或衣索比亞的三個月大嬰兒，並向他們展示兩張並排的非洲人（衣索比亞人）和高加索人的面孔，然後仔細監測這些嬰兒注視哪些面孔久一些。這是心理學中一種久經驗證的方法，如果嬰兒注視一種類型的臉多於注視另一種，我們可以合理認為那是一種偏好。結果顯示，衣索比亞嬰兒看衣索比亞人面孔的時間較長，而高加索嬰兒看高加索人面孔的時間較長。他們對熟悉的事物極感興趣。

更有意思的是，居住在以色列新移民融合中心的衣索比亞黑人嬰兒，並未表現出這種本族偏好，而是花了同等時間注視白人和黑人的臉。研究人員確信，這是因為這些嬰兒經常接觸到的面孔的多樣性。

大量研究顯示，我們更關注自身族群面孔的傾向，直接來自生命早期接觸這些面孔的程度。由女性看護者撫養的嬰兒會更喜歡女性面孔，而由男性看護者撫養的嬰兒則花更多時間注視男性面孔。一項有趣的研究顯示，這種族群方面的偏好並不存在於生命的最初幾天，而是在出生後三個月內養成的。雖然三個月大的高加索嬰兒更愛注視本族的面孔，但是針對幾天大的嬰兒所做的同樣實驗卻沒有發現這種偏好。新生兒對所有種族的面孔同樣感興趣。

經驗為大腦提供了大數據

實際情況是，我們所累積的知識建立了一個內部的大數據資料庫；而這導致了強烈的偏好；我們總是向著最熟悉的事物。這個過程的反面是發展出一種對於那些來自我們較少接觸的群體的人們所抱持的「不喜歡」或較低偏好。內群體和外群體的偏見是最根本的偏見之一，大腦中這些偏見的根源來自學習和接觸，而不是與生俱來的生物學上的「對陌生人的恐懼」。

在所謂的「分類本能」（categorisation instinct）中，我們不得不將人們分成「我們」和「他們」。這種「我們─他們」的區分通常以種族特徵為基礎，但也可以基於國籍、你所在地區的人、你所屬球隊的支持者，甚至你的家庭成員。這種將「我們」、「他們」分類的無法避免的本能，也為發展關於不同群體的涵蓋層面極廣的內隱知識創造了條件。社會心理學期刊的大量證據顯示，比起對「外群體」的人，我們對自己群體中的人們的理解要深刻得多。這種「外群體同質性」（out-group homogeneity）意味著，我們所認為的其他不同群體的人們彼此間的相似度，遠高於實際情況。但是對於內群體的人，我們更關注個體性。也就是說，我們需要更努力地去了解來自不同群體的人。

在我們生活的各個面向之間劃定界限很重要。然而，說到社交界限，卻存在一個明顯的矛盾。一方面，消除人和人之間的障礙可以豐富社會以及個人的生活品質，但另一方面，在生活和經歷的不同面向之間保持清晰的界限，在增加心理多樣性方面具有重大作用。這是因為它讓我們接觸到不同的做事方式。而我們知道，擁有多元的思考和行動方式，對於心適力至關重要，而且能讓我們變得更靈活。要是生活各環節之間有很多重疊和相似之處，將會誘使我們走向心理僵固。

許多研究已證實這點，這些研究顯示，一個人擁有的個別人生角色越多，他們就越可能得到充分發展，並免於抑鬱症的困擾。尤其重要的是角色間的劃分。以一位身為家庭醫生、已婚並有子女的女性做例子。她有三個主要人生角色：醫生、伴侶、母親。她將從這些角色分別得到一系列可供使用的技能和策略，相較於只有一個主要人生角色的人，這種多樣性讓她有更大的能力應對挫折。然而，假設她的丈夫也是一名醫生，在同一家醫療診所工作。這時她的兩個人生角色之間的關聯度增加了，這也降低了它們的特殊性。

在她的大腦中，一個人生角色所產生的偏見和不測，不會受到另一個角色同等程度的挑戰。舉個小例子：假設她和她丈夫都認為輕鬆的咖啡時間應該是用來靜靜思考的，但另一個同事可能更喜歡聊天聽音樂。在家裡，他們可能常有輕鬆寧靜的休息時間，而在工作中，他們可能會接觸到不同的休憩方式。可是一起工作時，他們可能會盡量避開那位健談的同事，一起安靜休息。這時，家庭和工作在咖啡時間上的差異，就不像在兩個地方和不同的人喝咖啡那麼大了。這類事件很細微，但它們會經年累月地積累並加入大腦的資料庫。我們一直在有效地訓練大腦以同樣方式行動和思考，好讓習慣越來越根深柢固。透過以不同方式做事，我們打斷了這種可以讓我們對周遭環境更警覺的習慣，而這也打斷了最終可能使我們對環境視而不見的偏見的發展。

進一步研究還發現，保持人生角色之間的界限可以做為對抗壓力的保護性緩衝，因為一個領域中的混亂不容易滲透到另一個領域。如果這位女醫生早上和丈夫起了爭執，比起他在其他地方工作，這可能會更大程度地波及她的工作生活。這位女醫生可以維持的角色和經驗越多，好處越大。因此，如果她同時是個有才華的業餘演員，每週和當地劇團一起排練，週末在球隊打球，那麼她的心理多樣性會更豐富，和丈夫間的爭吵也起不了太大影響。

這項原則對之前第四章討論的關於心理韌性的觀察具有顯著影響。當時提到，在我自己的研究中，報告擁有最高幸福感的青少年，在注意力、記憶力以及對歧義的理解方面的各種偏見之間是相當不連貫的。雖然他們的許多偏見是負面的，但真正重要的是它們之間缺乏密切聯繫，因為一個負面偏見不一定會激活另一個。因此我們學到，當我們的各種負面偏見之間保持互不相關，我們的直覺智力將更加豐富且較少偏誤，因而為更加靈活的思維過程提供基礎。因此，儘管只是我的推測，但確保自己擁有一系列多樣化且相對不相關的人生角色和活動，可能有助於保持各種認知偏差之間的**脫鉤**，進而提高你的直覺力，當然，還有心適力。

如何提高我們的直覺？

直覺是心適力的重要支柱，因為它不僅能讓我們理解自己——因而有助於我們的自我覺察，這是心適力的另一支柱——它還能提醒我們留意環境的小細節。我們在本章中看到了，有很多方法可以增強情境敏感性。變得更有情境意識是一個兩階段過程，不妨想像它是一種複雜的業務情況。

- 首先，在心中退一步——如同本書前面描述的去中心化，把眼界放大，以便建立一個「印象」基線。
- 接著，決定你想集中在環境的哪個面向，專注於其中的超微細節，然後轉移到另一個面向。

為了幫助我們深入理解周遭環境，奧地利博學者史坦納（Rudolf Steiner）提出一個簡單練習，早上將一枚硬幣放在辦公桌的左上角，之後每天早上把硬幣移到桌子的另一角。看來簡單，但這項練習能逐漸引導人們對周遭環境產生覺察。

然後，一旦大致掌握了周遭狀況和重要事項，便可開始思考更廣泛的情境，專注在一些和你的處境最相關的方面。這個兩階段過程可以為更高的靈活性打下基礎。

例如，如果你正展開一份新工作，一開始你可以關注人們對老闆的反應。他們是否敬畏老闆嗎？他們會不會挑戰決策？他們是否奉令行事，但在老闆背後向同事抱怨？這些都能讓你深入了解你所進入的文化的一些重要且往往相當微妙的層面。接著，另外找時間專注在其他事情上，例如，人們如何互動？你或許會花心思和某人進行較深入的交談；了解大家在工作外的興趣以及他們的一般情況。漸漸地，你將變得更容易專注，並有效地從一個面向切換到另一個面向。總的來說，你將對你的工作場所和新同事有更深入的了解，而不會讓大腦超載。

增強直覺

重要的是要記住，直覺無法傳授。它只會隨著我們在各種生活情境的體驗的日積月累而慢慢產生。我們都有直覺，因為如同上一章提到的，這就是大腦的運作方式。它利用我們過往經歷的資料庫，把它和來自我們身體的內部信號，以及來自外在環境的信號相結合，藉以引導我們用最適當的方式思考、感受和行動。

這就是為什麼直覺是心適力如此重要的支柱——這些微妙的指導暗示，足以影響結果的好壞對錯。因此，雖說直覺無法直接傳授，但還是有些方法可以幫助我們充分覺察自己的直覺智力。

- **靜下心來……聆聽**：無論是持續的警報聲或電鈴聲，或者我們自己的內心小劇場。這種種雜音都會淹沒我們內在直覺的聲音。如果你不聽，你的直覺就無法對你說話。因此，一定要找機會獨處。花點時間放鬆身體，靜下心來，這麼一來你將創造一種更能意識到自己直覺的機會。我知道這在當今的忙碌世界中很難做到，但務必每週幾次，花個一小時放鬆（也許走進大自然）、學習傾聽自己的身體。長途散步、瑜伽或冥想都是不錯的放鬆方式。
- **放下不良情緒**：我們知道負面情緒的存在是有原因的。它們提醒我們注意問題，集中心思面對那些在生活中引起混亂的事。但這對直覺很不利，因為直覺需要一種傾聽一切的開放心態。因此，學會降低負面情緒十分重要——起碼在某些時候，好讓自己的直覺聲音有機會被聽到。事實上，一些研究顯示，人在心情好時，比心情欠佳時更容易做出直覺判斷。因此，多利用第十章的一些技巧來激發正向性，然後聆聽自己的直覺。
- **照顧好身體**：綜觀本書，會發現身體是心適力太多面向的核心。我們才剛開始了解大腦是為身體服務的，因此傾聽自己內在的身體信號至關重要。如果身體無法正常運作，就無法提醒我們注意環境中較微妙的面向，因為它會過度關注基本面。因此，務必要有足夠營養、充足睡眠、良好飲食並經常健身。這些活動在很多方面都很重要，包括讓你的直覺發聲。

- **調降你的執行功能**：這項建議有點令人意外，因為，正如第七章提到的，執行功能對於提高靈活性至關重要。當我們分析情況並做出理性抉擇，很重要的是我們的各項心理素質——抑制性控制、工作記憶、認知彈性等，必須處於最佳狀態。雖然這是絕對正確的，但這些過程實際上可能不利我們的直覺，這也是事實。聽來很怪，但其實相當合理。當我們疲倦時，我們的執行功能就無法正常運作，因此也就更容易分心，較難回想情況的不同面向之間的連結。然而，這正是直覺發揮作用的時候。疲倦或煩亂時，我們會更能接納新點子，而且能在事物之間建立更多創造性連結。因此，在我們感到疲倦的離峰時段，我們的直覺可能反而更有機會被聽見。

本章摘要

- 情境敏感性和情境意識，來自我們在特定生活領域中獲得更多經驗的知識累積。它是為直覺——當然，還有心適力，提供養分的要件。
- 擴大經驗的多樣性可以微調我們的情境敏感性和情境意識，減少認知偏差。這些能讓我們更加意識到周遭環境，因而更能夠做出最適當的決策。這正是為什麼「直覺」——情境敏感性是它的組成部分，是心適力的重要支柱。

- 人人都有直覺——我們只需學會更用心傾聽。
- 雖然直覺無法傳授——它源自經驗，但我們可以藉由一些方法來幫助自己傾聽內在直覺的聲音。重點是透過找機會獨處，來平息我們的內心小劇場和周遭的雜音。

心適力關鍵準則

每年春天，我的丈夫凱文都會到靠近威爾斯邊境的赫瑞福郡（Herefordshire）鄉間參加越野賽跑。這場比賽並無突出之處，只是它非常艱辛，而且吸引了好幾名精銳特種空勤團（Special Air Service, SAS）成員，因為他們的營地相當近。賽後，選手和他們的親友聚在酒吧喝酒，參加賽後烤肉，之後還有當地樂團的現場表演。

幾年前，就在我剛開始寫本書之後，我坐在這家鄉村酒吧的花園裡，等著凱文從「陣雨」——從田野裡的一根軟管噴出的強大冰冷噴霧，走出來。那是個陽光明媚的日子，大家盡情享用著蘋果酒。我旁邊坐著一位先一步迎戰水管的ＳＡＳ成員（換句話說，他跑得比凱文快）。我知道他做什麼工作，之前我們彼此介紹過了——但他不清楚我是做什麼的。當我把寫書的事告訴他，他點了點頭。

我解釋了高爾夫球的比喻。有時你需要木桿來讓球越過球道，有時你需要沙坑桿來讓球離開沙坑，有時你需要在果嶺上使用推桿。可是光有一大堆球桿卻不知該怎麼用，是沒有用的。一個球手擁有全套球桿，卻不知道哪次揮桿該用哪一支，還不如一個球袋裡只有一支球桿的球手。

「妳一語點出了特種部隊的狀況，」他對我說。「在這兵團裡，我們有一群全世界找不到第二個的身懷絕技的小夥子……也許監獄除外吧！瞧那邊那傢伙……」他指了指美食攤旁邊一個滿身刺青、薑黃色頭髮的大個子。「他可以闖入妳放在他面前的任何一輛車子。還有那個？」我望向一名留著平頭和鬍子的矮小、黝黑而精瘦的男子。「他能偽造任何文件、任何簽名，只要妳想得到。我們全都在兵團並肩工作，就像高爾夫球袋裡的球桿。」

「心適力」的概念提醒他一些事。他了解到，首先，你必須具備各式各樣的技能。其次，你必須能讓這些技能適用在不同狀況。但第三點，或許是最重要的一點，你必須擁有知道哪種情況需要哪種技能的洞察力。而這只能靠經驗。

堅毅力與靈活性

我的職業生涯讓我走上的一段意想不到的路程，就是和一群頂尖運動選手共事——其中有些是可望獲得奧運榮耀的中長跑選手。我和凱文一起工作，他幫助選手們在面臨壓力時最大化他們的心理表現。當凱文和選手們一起在跑道上時，我常和他們的肌力與體能（strength- and- conditioning）教練丹聊天，希望能得到一點提升自己體能的小訣竅。「健身的絕對關鍵是，」丹告訴我，「堅持不懈，這樣妳才能增強力量和耐力。但是，」他補充，「鍛鍊妳的靈活度也很重要。這是許多人忽略的部分。」

想想凱文和我為選手準備的心理訓練計畫，我意識到我們使用了完全相同的原則。堅忍不拔的部分就不用提了。無論你是頂尖運動員，還是想在八週內從沙發族變成一口氣跑五公里的菜鳥，都需要六親不認的過人毅力。淒風苦雨的夜晚，或一大早，都得卯足了勁走出家門，進行預定操練。堅持不懈對於實現目標至關重要。因此，有那麼多關於毅力的文章——從科學論文、雜誌上的小提示一直到暢銷書，也就不足為怪了。毅力的重要性是無庸置疑的。

另一方面，靈活性的重要性往往被忽視。但靈活性或許更為重要。例如，如果一名運動員受了輕傷，他必須迅速調整訓練，來確保傷勢不會惡化。例如，他可能會在健身車上做幾次操練，而不是在跑道上跑步。如果維持平常的訓練時程，他將面臨傷重的風險，並讓自己退出這項運動達數週甚至數月之久。

如果仔細想想，就會了解，沒有靈活性的毅力會讓我們走上一條哪兒也去不了的道路。無法從錯誤中吸取教訓，永遠沒有進步，因為我們不接納別人的意見，只是不顧一切往前進。反過來說，沒有毅力的靈活性通常會導致衝勁十足地展開新工作，提出新構想和新的思路。但問題是，像這樣的人很少堅持下去，很快就會得到虎頭蛇尾的名聲，沒有足夠專注力去完成任何一件事。有些人的思維過程非常靈活，任何事都足以分散他們的注意力。

在堅毅力與靈活性之間找到完美平衡是成功人生的關鍵，而心適力能幫助我們做到這點。接著，你必須努力經營這項技能的四大支柱：

- 保持**靈活**變通，以適應這個不斷變化的時代。
- 培養你的**自我覺察**。
- 努力提高你的**情緒覺察**和調節情緒的能力。
- 學會傾聽自己的**直覺**，因為這能引導你安然渡過人生的複雜多變，幫助你深入了解周遭環境。

靈活性是心適力的主要支柱，而且會因另外三大支柱——自我覺察、情緒覺察和直覺（情境覺察），而得到強化。結合這四大支柱，將確保你從容應對任何挑戰，無論多麼艱難。因此，在人生中取得成功，通常關係到根據情況的性質，在一邊的心理強度（mental strength）以及另一邊的心理靈活性之間找到適當平衡。堅持或改變的決定往往關係重大，而心適力將幫助你做出更明智的決定，並能調整天平，讓你的正確判斷多過誤判。

心適力是一種持續一生的歷程。如同任何行業的專家都會告訴你的，學無止境——那麼人生又何嘗不是？沒有一種萬能的辦法可以解決人生所有問題。你自己的一些久經驗證的辦法以後都用得上，但有時你會面臨全新的事物，你勢必得發展創新的方法來「即時」應對。我們在新冠肺炎疫情期間的經歷讓我們深刻領悟到這點。心適力的精髓在於培養一種在適當時刻選擇適當策略的能力：為每一次揮桿選擇適用的球桿。這通常是一個兩階段過程：

- 決定要堅持現狀或做出改變，嘗試別的做法。
- 如果決定改變，為你面臨的問題選擇適當的解決方案。

如何知道何時該堅持、何時該改變？

我們對任何情況採取的對策通常取決於該情況的**不確定**程度。如果情況非常確定而且事情進展順利，那麼堅持既有的做法可能是最佳選擇。何必去修理沒損壞的東西？然而，隨著情況變得更加不確定，我們就得要接納改變，並且靈活選擇對策。

心適力就是設法讓你的對策與情況的性質相匹配。當然，要做到這點，你必須有能

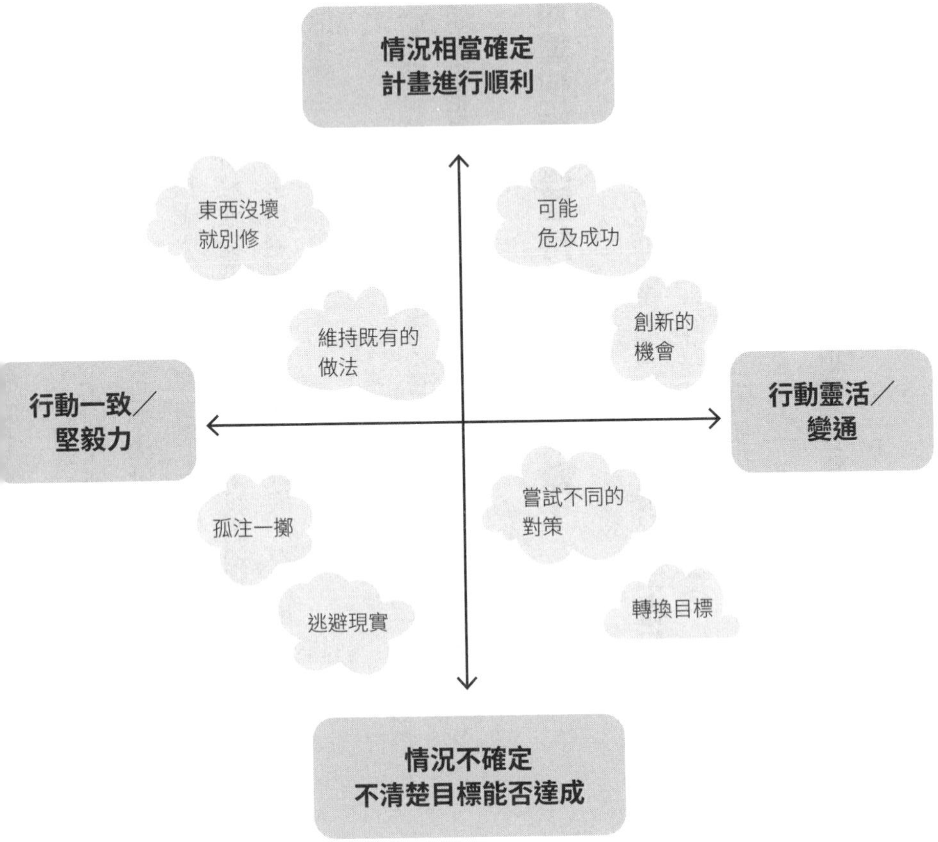
情況相當確定
計畫進行順利
東西沒壞
就別修
可能
危及成功
維持既有的
做法
創新的
機會
行動一致／
堅毅力
行動靈活／
變通
孤注一擲
嘗試不同的
對策
逃避現實
轉換目標
情況不確定
不清楚目標能否達成

力根據需要保持堅毅或靈活。而且，正如那位和我聊過的SAS士兵提醒我們的，要獲得這種能力，你需要有可供利用的豐富生活體驗，來幫助你應對各種局面。

你的生活體驗能給你豐富的心理多樣性。一個無法迴避的事實是，接觸形形色色的情境和現實生活經驗比什麼都可貴。這是無可取代的。正是這種心理多樣性，在變化無常的情況下為你提供了多種選項。

我們已在本書中逐一詳細探討了心適力四大支柱，你可以在面臨不同挑戰時經常瀏覽這些內容。我試圖提供盡可能多樣的提示和建議，來幫助你在複雜多變的世界中應付自如。不妨試試這些練習，如果你覺得有幫助，就用日誌記錄下來，然後練習、練習、再練習。就像頂尖運動選手，練習你的技藝，在「工作第一線」獲取經驗，是磨練專業知識、最大化成功機會的最有效方式。

可遵循的心適力準則

1. **保持開放與好奇**：以開放、好奇的心面對世界，避免陷入事情只有一種做法的僵化思維模式。
2. **安於不確定性**：學著接受唯一的不變就是變的這個事實。如果你迴避不確定的情況，而且不願改變，那麼你將逐漸陷入僵化的思維、感覺和行為方式。你不會是唯一。有許多人落入自己的窠臼，這在生活安定平穩時還行得通，但不可能持久，當情況變得不穩定，這種做法會讓我們立馬被甩在後面。

3. **培養靈活的生活方式**：這是心適力的第一個，或許也是最重要的支柱。記住靈活性的ABCD，你將會更懂得靈活變通：適應不斷變化的需求（A）；平衡相互衝突的欲望與目標（B）；改變或挑戰自己的觀點（C）；以及充分發展你的心理勝任感（D），如此一來你便可以，如同我的一位主管教練形容的，「靈活地舞在當下」。

4. **培養自我覺察**：心適力的第二支柱要求你了解自己的核心價值，誠實面對自己的能力。經常反思、回顧你所做的事是否符合你的真實自我。讓你個人以及你的生活方式協調一致，是繁榮成功的關鍵之一。

5. **欣然接納自己的情緒生活**：第三支柱——理解並接納自己的情緒，也能激發你的靈活性。有些情緒感覺不太愉快，但能提供你關於周遭世界以及你當下狀況的重要訊息。學習傾聽你的情緒想對你說什麼，同時學習在情緒變得過於激烈時加以調節。再強調，要記住靈活變通是關鍵；不同情況也需要不同的情緒調節方式。

6. **培養直覺**：除了學習傾聽來自身體內部、通常十分微妙的信號之外，還要學著向外看，培養對周遭環境的「情境覺察」。心適力的這個第四支柱將使得你做出更明智的決策，同時提高你的靈活性。

7. **學會去中心化**：我們有一種退一步、看清大局的獨特能力。一旦擴大視角，我們就可以提醒自己，我們的想法不見得真實——就像許多列車通過車站，它們穿過我們的腦海，我們不一定非要和它們打交道或相信它們。這種跳脫當下、綜觀大局的能力非常有幫助，尤其在危機當中。

8. **學習呼吸練習和靜心（grounding）技巧**：學習一些簡單有效的放鬆身體的方法。擁有基本的身體安全感確實能幫助你平靜下來。我們從大量研究中了解到，這是因為大腦接收到的內在身體信號不斷被解釋、分析，因此如果你的身體緊繃並發出痛苦訊息，你的大腦就會一直保持警戒。簡單的呼吸練習能產生驚人的功效。不妨每天做，不須等危機來臨。

9. **建立快樂回憶簿**：寫下你記得的一些最快樂的時光。這種強大的方法將提供給你快樂的回憶，在你沮喪苦惱的時候鼓舞你。我們從大量研究中了解到，情緒低落的人很難將他們的思想轉向較積極的想法。因此，擁有一種簡單方法可以脫離負面情緒，暫時專注在事情的較積極面向，是非常好的心理健康策略。

10. **適應壓力**：本書不斷強調經驗是關鍵。讓自己盡可能接觸廣泛多樣的經驗，是發展心技法的一種自然方式。我們從研究中得知，逆境可以培養我們處理壓力的心理及社交技能。因此，別試圖迴避每一種逆境和不確定狀況，而要投入其中——這是學習用來克服未來困境所需技能的唯一途徑。

11. **培養「智慧腦」**：如同第十一章提到的，在辯證行為療法中，存在三種思維狀態或存在方式。情緒腦，你會透過情緒和直覺來評估情況；理性腦，透過分析客觀事實來了解情況；以及智慧腦，結合了情緒腦和理性腦。學著問自己，「我的智慧腦會怎麼做？」這在平靜時練習特別有用，因為當危機確實發生時，它會更容易生效。

12. **享受這段旅程！**記住，人生可以很有趣。當然，我們全都得面對悲傷、失落和沮喪，這些都是人生的常態。但生活中也有許多奇妙之處值得欣賞。所以，擁抱它——放慢腳步，停下來，投入當下。為生活灑下一點驚奇和火花。發掘令人讚歎的事物，欣賞一件藝術或音樂傑作，留意大自然的美，或者觀察遼闊的夜空，全都是客觀看待一切事物的好方法。

心適力幫助我們從容應對不確定的世界

心適力是一種超強的靈活性，它使我們能夠在一個無數變動快速的事物從四面八方朝我們襲來的不穩定世界中茁壯成長。堅守著勇氣剛毅，意味著我們可能會錯過生命固有的豐富性、創造力與熱情。有許多例子顯示，那些通才——無論在職業或愛好上不一定只堅守一件事的人，往往更成功，而且更滿意他們的人生。重點是找到合適的匹配。重要的不是為了放棄或轉換而這麼做，而是要找到和你的才能與興趣相匹配的事物。

我的一個朋友喬納森費了好大功夫才找到。他在校時非常熱愛科學，夢想在大學研究化學。然而，他出身律師世家，承受著必須成為律師的巨大壓力。他屈服於家庭壓力，勉強攻讀法律學位，痛苦不堪。隨後在律師事務所工作多年，包括接受律師訓練。喬納森不是說故事天才，只能驚奇看著同輩們用精彩的敘事巧妙地操縱陪審團。

諷刺的是，當他成為一名化學家的辯護律師團的一員，他的人生發生了改變，這位化學家聲稱擁有一項專利，而他的大學雇主認為該專利屬於學校所有。數小時的提問以及和客戶針對發明細節的討論重新點燃了喬納森對化學的熱愛。這案子結束幾個月後，他做出了離開法律界並重新接受科學訓練的非凡決定。他再也沒回頭，只遺憾自己沒早點做出改變。「幸虧我勇敢放棄了，」他對我說：「否則這將是一條漫長緩慢的通往不幸之路。」

辭職對喬納森來說是正確的決定。通常是如此。縮小牙科業務是帕迪・隆德的最佳解決方案。我在多年前決定退出會計業，對我來說幾乎可以肯定是正確的。當我十七歲倒在臥房床上抽泣時，我以為我的未來已經注定。然而，旅程才剛開始！

當然，誰都無法確定自己是否走對了路，或者做出了正確決定，因為生活的難題沒有明顯的正確答案。但我們知道的是，生活固有的不確定性需要心適力來接續。

希望本書能幫助你走上一條更柔韌的道路。透過學著理解並接受自己、欣賞周遭環境並認識到保持靈活與開放心態的力量，希望你已準備好擁抱自己的人生，不再當它是件苦差事，而是一種冒險。

附錄

九點連線難題解答

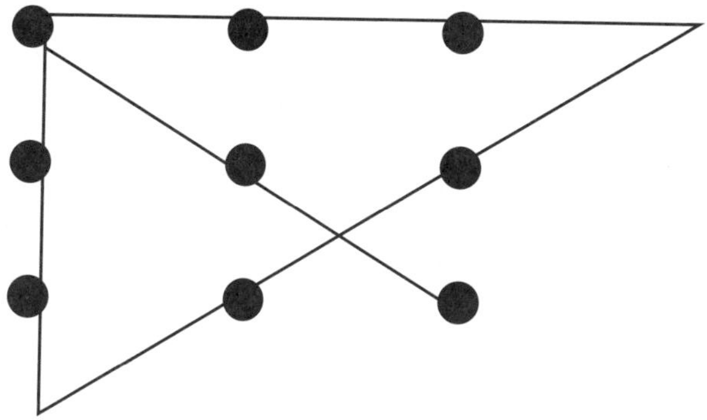

致謝

《心適力》的核心概念是多年前形成的，並且經過漫長曲折的道路才終於到達本階段。寫一本我期待人們會喜歡並覺得有益的書，確實需要心適力和無限的靈活性。感謝這一路走來許許多多提供幫助的人。

首先要感謝我出色的文學經紀人 Patrick Walsh。派翠克始終相信這個計畫，並成功將一長串龐雜的概念整理成簡單易懂的東西。感謝派翠克多年來的持續支持和友誼。我還要感謝我在 Hodder & Stoughton 出版公司的編輯 Kirty Topiwala，她對《心適力》的熱情促使我更加努力。科蒂從一開始就支持本書，她溫和地鼓勵我這裡刪一點、那裡多發揮一點，讓手稿變得更好。與妳共事十分愉快，但願有一天能再度合作。當手稿接近完成時，科蒂不得不放下工作去增產報國。這份工作由 Anna Baty 出色地接管了，她的細心審稿和敏銳的編輯評論幫助我們到達了終點。感謝 Hodder 的編輯團隊，他們對本書的熱情讓我度過許多清晨寫作時光。我也非常感謝我在美國 Harper One 出版公司的編輯 Gideon Weil，他的初期評論以及對心適力力量的堅定信念幫助塑造了本書。

我對過去與現在的許多合作夥伴表示衷心感謝，他們的點子和討論有助於塑造我的想法，讓我對於情緒、感受以及它們如何影響我們的思維方式有了認識。包括 Lisa Feldman-Barrett 和她在波士頓的團隊，Naz Derakshan 和她在倫敦的團隊，以及「認知與情緒」（cognition and emotion）社團的許多成員，包括：Yair Bar-Haim、Eni Becker、Simon Blackwell、Andy Calder、Patrick Clark、Tim Dalgleish、Rudi DeRaedt、Chris Eccleston、Ben Grafton、James Gross、Colette Hirsh、Emily Holmes、Jennifer Hudson、Ernst Koster、Jennifer Lau、Andrew Mathews、Colin MacLeod、Lies Notebaert、Hadas Okon-Singer、Mike Rinck、Elske Salemink、Louise Sharpe、Reinout Wiers、Mark Williams、Marcella Woud 和 Jenny Yiend。

此外我還要感謝許多人，他們是我自己的實驗室小組，牛津大學 OCEAN 實驗室的重要成員：Charlotte Booth、Emilia Boehm、Luis Casedas Alcaide、Rachel Cross、Keith Dear、Hannah DeJong、Alessio Goglio、Maud Grol、Sam Hall McMaster、Lauren Heathcote、Matthew Hotton、Rob Keers、Anne Wil Kruijt、Michele Lim、Danna Oomen、Sam Parsons、Anne Schwenzfeir、Annabel Songco、Olivia Spiegler、Desiree Spronk、Laura Steenbergen、Johannes Stricker、Eda Tipura、Ana Todorovic、John Vincent 和 Janna Vrijsen。特別要向 Alex Temple-McCune 致意，他在我完成本書時不幸去世，年僅二十六歲。亞歷克斯處理疾病和接連噩耗的方式，為我們所有人帶來真正的啟發。

若非眾多受測者多年來參與我的各種研究，本書絕不可能完成，我感謝他們所有人不求回報的貢獻。多年來與我共事的許多體壇、企業界和軍方人士的故事與經歷豐富了本書，我感謝他們所有人在協助我們共同尋求提升表現的方法時的誠懇與坦率。許多來自體育界的朋友提出探索性問題並從自身經驗中舉例說明靈活性的重要，因而提升了我的思考敏銳度。其中包括 Joey Barton、John Collins、Sean Dyche、Eddy Jennings、Ronnie O'Sullivan、Iwan Thomas、Harvey Thorneycroft 和他的 Brilliant Minds 團隊，以及 Jon Bigg 和他在薩塞克斯的出色運動員團隊，包括 Charlie Grice、Elliot Giles 和 Kyle Langford。

最後，向全世界我最愛的人表示恆久的感謝和感激：我的丈夫凱文。他在過去幾年承受多次風暴的能力著實令我讚歎。他是我的導師、夥伴和我最大的鼓舞。他讀了本書許多章節，提議書名，提供了許多建議，擅自進行了編輯，提了許多故事和軼事，為我泡茶，讓我大致上保持健康。

國家圖書館出版品預行編目資料

心適力：變動不安的年代，最重要的生存素養／伊蓮．福克斯著；王瑞徽譯. -- 初版. -- 臺北市：平安文化，2023.2　面；　公分. --（平安叢書；第753種）(UPWARD；142)
譯自：Switchcraft：Harnessing the Power of Mental Agility to Transform Your Life
ISBN 978-626-7181-51-5（平裝）

1.CST: 自我實現 2.CST: 成功法 3.CST: 自我心理學

177.2　　112000108

平安叢書第753種
UPWARD 142

心適力

變動不安的年代，最重要的生存素養

Switchcraft：Harnessing the Power of Mental Agility to Transform Your Life

作　　者—伊蓮．福克斯
譯　　者—王瑞徽
發 行 人—平　雲
出版發行—平安文化有限公司
台北市敦化北路120巷50號
電話◎02-27168888
郵撥帳號◎18420815號
皇冠出版社（香港）有限公司
香港銅鑼灣道180號百樂商業中心
19字樓1903室
電話◎2529-1778　傳真◎2527-0904
總 編 輯—許婷婷
執行主編—平　靜
責任編輯—陳思宇
美術設計—倪旻鋒、李偉涵
行銷企劃—許瑄文
著作完成日期—2022年
初版一刷日期—2023年2月

法律顧問—王惠光律師

讀者服務傳真專線◎02-27150507
電腦編號◎425142
ISBN◎978-626-7181-51-5
Printed in Taiwan
本書定價◎新台幣420元／港幣140元